Peter Norman

Reimmöglichkeiten

Deutsche Reimprosa

Bibliografische Information der Deutschen Nationalbibliothek:
Die Deutsche Nationalbibliothek verzeichnet diese Publikation in der Deutschen
Nationalbibliografie; detaillierte bibliografische Daten sind im Internet über
http://dnb.d-nb.de abrufbar.

Herstellung und Verlag: Books on Demand GmbH, Norderstedt
www.bod.de

ISBN 978-3-8391-5652-0

Inhaltsverzeichnis

Vorwort

Meine Gedanken und Ideen möchte ich nicht mit Fremden, sondern mit meinen
Schwestern und Brüdern teilen.
Deshalb werde ich das vertraute Du nutzen und die Höflichkeitsanrede Sie meiden.

Alles, was in diesem Buch steht, meiner einer wirklich glaubt.
Alles habe ich irgend wo abgeschrieben, alles ist nur geklaut.
Auch dieser Teilsatz ist von den Prinzen (das Album erschien 1993) geklaut.

Am 11.02.2010 hat die Autorin Judith Schalansky im Hamburg Journal um 19.30 Uhr im
NDR ihr Buch „Atlas der abgelegenen Inseln" vorgestellt.
Von der Stiftung Buchkunst (www.stiftung-buchkunst.de) bekam der mareverlag im
Wettbewerb „Die schönsten deutschen Bücher 2009" den 1. Preis, weil das Buch
vielen gut gefällt.
Keine von den 50 Inseln hat sie jemals betreten und in dem Interview sagte sie: „All diese
Texte sind – also ob sie stimmen, weiß ich nicht, aber ich habe für alles Quellen, das
heißt, es ist tatsächlich eben recherchiert."
Karl May hat uns Geschichten über den Wilden Westen Nordamerikas und über den
Vorderen Orient präsentiert.
Erst nach der Veröffentlichung seiner Werke ist er durch den Orient (1899/1900) und
durch Amerika (1908) galoppiert oder kutschiert.

Am 11.02.2010 hat Harald Schmidt in seiner Show um 22.45 Uhr im ARD das Buch
„Axolotl Roadkill" vorgestellt und als Gast konnte er die Autorin Helene Hegemann
kriegen.
Es gibt Beschwerden, weil sie angeblich Buchstaben und ganze Wörter hat abgeschrieben.

Möglicherweise sollte man sich mal wieder mit dem Urheberrecht befassen
und es an die neuen Gegebenheiten (es gibt so gut wie nichts mehr, was nicht schon
mehrmals in irgend welchen Büchern steht, Datenträger wie z. B. den Brockhaus,
CD-Cover-Hefte und -Bücher mit Songtexten, Internet, mobile Lesegeräte) anpassen.

Das auf dem vorderen Buchdeckel ist mein Computertisch, mein Klemmbrett und mein
Kugelschreiber.
Eine bessere Idee für das Cover hatte ich nicht leider.

Benutzerhinweise

»…«   Französische Anführungszeichen ein Zitat kennzeichnen.

›…‹   Halbe französische Anführungszeichen ein einfaches Beispiel, eine Redewendung o. Ä. kennzeichnen.

„…"   Deutsche Anführungszeichen ein eigenes Beispiel, z. B. aus meinem Tagebuch, einen Buchtitel, einen Songtitel, ein Kapitel oder ein Wort mit besonderer Bedeutung kennzeichnen.

Beispiele ohne Anführungszeichen wollte Gott mir spontan reichen. Weil ich nicht weiß, woher kommen meine Gedanken, muss ich Gott hin und wieder dafür danken. Grammatikalisch richtig hätte ich „mir" vor „Gott" müssen schreiben. (siehe DUDEN-Band 4 „Die Grammatik", Kapitel „Vom Verb zum Satz – 2.3.2.3 Schwach betonte Pronomen", Randziffer {die Abkürzung „Rz." gibt es nicht im Wörterbuch der Abkürzungen, sodass ich das Wort ausschreiben muss} 1356: »Die folgenden Beispiele zeigen, dass Pronomen – unabhängig davon, was für eine Satzgliedfunktion sie haben – unmittelbar nach dem finiten Verb stehen: [...] [Morgen] will [ihr] [Anna] [den Bericht] übergeben.«) Aber ich kann Gott doch nicht in die Nebensächlichkeit verweisen.

Was bei Zitaten zu beachten ist, steht nicht im DUDEN-Band 1 „Die deutsche Rechtschreibung".
Folgende Möglichkeiten kommen in diesem Buch zur Anwendung:

[sic!]   Kennzeichnet einen Fehler in einem Zitat. Eine Anmerkung ich jeweils hinzugefügt hab. Die Möglichkeit einer Anmerkung in der Klammer gibt es offiziell nicht. Den Leser darüber aufzuklären, worin der Fehler hier besteht, halte ich für meine Zeit sparen lassende Pflicht.

[...]   Lasse ich in einem Zitat etwas aus, macht eine eckige Klammer mit drei Pünktchen darin aufmerksam darauf.

{...}   Französische Anführungszeichen, halbe französische Anführungszeichen, den Gedankenstrich u. a. muss man sich umständlich als Sonderzeichen holen. Aber nirgends wird etwas als Verwendung für die auf der Tastatur zur Verfügung stehende geschweifte Klammer empfohlen. Einen Gedanken, z. B. eine kurze Erklärung, setze ich in einem Zitat in geschweifte Klammern. Richtig müsste ich diesen Einschub setzen in eckige Klammern.

Mit einem Leerzeichen vor und hinter dem Schrägstrich anstatt ohne (DUDEN-Band 1, Abschnitt „Textverarbeitung und E-Mails", Schlagwort „Schrägstrich") und mit zwei anstatt einem Leerzeichen (DUDEN-Band 1, Abschnitt „Textverarbeitung und E-Mails", Schlagwort „Satzzeichen") zwischen den Sätzen

wollte ich mich den allgemeingültigen Regelungen der Übersichtlichkeit halber widersetzen.

In diesen beiden Fällen weicht der DUDEN nicht von der DIN 5008 ab.

Weil es auf der Tastatur keinen Gedankenstrich und in einem E-Mail-Programm keine Sonderzeichen gibt, ermöglicht die DIN 5008 als Minuszeichen den Bindestrich dem Gedankenstrich anstatt.

(vgl. Buch „Die aktuelle DIN 5008", Verlag Sekada* Kompetenz für Sekretärinnen, S. 73, Abschnitt „Rechenzeichen")

Im DUDEN-Band 1 steht im Abschnitt „Textverarbeitung und E-Mails" zum Schlagwort „Bindestrich" u. a., dass nach DIN 5008 bei einem Strich für Strecken ein Bindestrich reicht bloß.

Im Buch „Die aktuelle DIN 5008" steht auf den Seiten 79f. im Abschnitt „Streckenangaben" aber, dass auch die DIN 5008 in diesem Fall den Gedankenstrich als Sonderzeichen fordernd ist kompromisslos.

A Geschichtlicher Hintergrund

1 Lyrikformen

Reime bisher immer nur in Wetterregeln, Merkversen, Sprichwörtern, Werbesprüchen,
Gedichten und Liedtexten vorkamen.
Wenn sich ganze Sätze reimen, wie in meinem Tagebuch – und es wäre auch möglich,
ganze Zeitungen und Romane auf diese Weise zu gestalten –, dann ist das eine
Literaturwissenschaft, die es noch nicht gibt und die dementsprechend hat auch noch
keinen Namen.

Das Tagebuch ist eine autobiografische Aufzeichnung in chronologischer Form, wobei der
Stil sehr unterschiedlich sein kann, von der anspruchslosesten Alltagsprosa bis zur
Höhe des sprachlichen Kunstwerkes, es ist aber keine Literaturgattung.
Die Lyrik ist neben der Epik und der Dramatik die dritte poetische Gattung.

Lyrische Texte unterscheiden sich sprachlich-formal von epischen und dramatischen
Texten vor allem durch ihre Kürze, durch ihre Dichte (Ausdruckskraft) und durch ihre
strengen (Versfuß, Versmaß, Strophenbau usw.) Formen.
Die Epik umfasst die Gesamtheit der erzählenden Literatur in Vers- oder Prosaformen.
Das Epos, die Parodie, die Satire und der Roman sind in der Epik die Großformen.

Das Epos ist eine weitläufige oder ausschweifende Erzählung
in Form einer Versdichtung.
Das Drama ist ein Oberbegriff für Texte mit verteilten Rollen, wobei das
Hauptkennzeichen ist die von Schauspielern aufgeführte Darstellung.
Die Parodie ist die eines bekannten Werkes oder einer prominenten Person verzerrende,
übertreibende oder verspottende Nachahmung.
Die Satire ist eine Spottdichtung.
Der Roman ist die Langform der schriftlich fixierten Erzählung.

Bei Wikipedia ist eine Langzeile das Gleiche wie ein Langvers.

Im Brockhaus ist eine Verszeile aus zwei Kurz- oder Halbzeilen, die fest aufeinander bezogen und rhythmisch unselbstständig sind, so z. B. der germanische Stabreimvers, der Vers der Nibelungenstrophe u. a., eine Langzeile und eine lange Verszeile mit mehr als 5 Hebungen, die eine geschlossene rhythmische Periode darstellt, ein Langvers.

Christoph Hönig geht in seinem Buch „Neue Versschule" auch auf dieses Thema ausführlicher ein, z. B. steht auf der Seite 76, dass überlange Verse nicht mehr von der Prosa zu unterscheiden sind, auf der Seite 83 stehen die Ausführungen zu den extrem seltenen siebenhebigen und achthebigen Versen und auf der Seite 119 steht, warum ein Vers mit mehr als fünf Hebungen (so die germanische Langzeile, die Nibelungenstrophe, der Hexameter, der Alexandriner) bezeichnet wird als Langvers.

Im Buch „Lexikon lyrischer Formen" steht unter den Stichwörtern **Langvers, Langzeile** als Erstes, dass beliebige längere Verse, d. h. solche mit mehr als fünf oder mehr Hebungen bzw. Takten, nicht Langzeile genannt werden, sondern Langvers.

Aus dem Kreuzworträtsel her wissen wir alle, dass eine Gedichtzeile ist ein Vers.

Wenn ein Satz in meinem Tagebuch mit Kommas, Gedankenstrichen und Klammern beinahe eine ganze Seite füllt (wobei ich nie auf Hebungen achte), geht das dann immer noch durch als Langvers?

In der DUDEN-Abiturhilfe „Gedichte analysieren" steht auf der Seite 31:

»**Gedichte in freien Versen:** Die einzelnen Verszeilen und Abschnitte sind weder einem Metrum noch einem Reimschema unterworfen. Der auffälligste Unterschied zur Prosa (mit fortlaufenden Zeilen) liegt in der Zeilenbrechung (vgl. Kap. 1.1). Durch die vermehrte Verwendung anderer Formelemente, besonders von Satz-, Klang- und Wiederholungsfiguren (vgl. Kap. 1.3), können auch freie Verse deutlich von der alltäglichen Sprache abgesetzt werden. In der deutschen Literatur haben sich freie Verse seit dem Expressionismus verbreitet und beherrschen die Lyrik der Gegenwart.«

Der Expressionismus war von 1910 bis 1925 die Lyrikart.

Wenn du Gedanken nicht prosamäßig hintereinander, sondern mit Zeilenbrechungen in Versen untereinander schreibst, schreibst du im heutigen Gedichtestandard.

Wird eine Bedienungsanleitung mit Zeilenbrechungen in Verse gesetzt, uns damit aber noch lange kein Gedicht anstarrt.

Jeder Songtext, egal ob er gereimt ist oder nicht,
ist auch ein Gedicht,
weil er den möglichen Gedichtformen immer entspricht.

Gedichtzeilen
müssen sich schon lange nicht mehr reimen.

In Metzlers Lexikon Sprache steht hinter dem Stichwort **Vers** einerseits unter anderem:
»Den V. kennzeichnet ein ↗ Metrum sowie eine im Schriftbild <u>durch das Zeilenende
repräsentierte Endpause</u> (Zäsur).«
In Metzlers Lexikon Sprache steht andererseits die Erklärung »(lateinisch caesūra
›Einschnitt‹) <u>Metr. Einschnitt innerhalb eines Verses.</u>« hinter dem Stichwort **Zäsur**.
In Metzlers Lexikon Sprache gibt es im Kapitel **Abkürzungen** nicht die Abkürzung
›Metr.‹, sondern die Abkürzung ›lat.‹ nur.

Es gibt den Abenteuerroman, den Ankunftsroman, den Antikriegsroman, den asiatischen
Roman, den Bildungsroman, den Briefroman, den Campus-Roman, den
Detektivroman, den Dokumentarroman, den Entwicklungsroman, den Erotikroman,
den experimentellen Roman, den Fantasyroman, den Gesellschaftsroman, den
Großstadtroman, den Handyroman, den historischen Roman, den Kriegsroman, den
Kriminalroman, den Künstlerroman, den Liebesroman, den postmodernen Roman,
den Schauerroman, den Schelmenroman, den Schlüsselroman, den Science-Fiction-
Roman, den Spionageroman, den Staatsroman, den Studentenroman, den
Tatsachenroman, den utopischen Roman, den Verführungsroman, den
Wildwestroman und den Zeitroman.
Es gab auch einmal im Mittelalter den Versroman. (z. B. „Parzival" von Wolfram von
Eschenbach)
Aber es gibt noch keinen,
in dem sich einfach nur alle Sätze reimen,
Roman.

Das Prosagedicht kennt weder Vers noch Reim.
Daher kann mein Tagebuch kein Prosagedicht sein.

2   Reimprosa

Aber das ist nur die halbe Wahrheit.
Vor 1000 Jahren gab es einmal eine Zeit,
da war in der arabischen, persischen und osmanischen Dichtung beliebt die Reimprosa.
Zum Beispiel hat Mohammed den Koran größtenteils geschrieben in Reimprosa.
Das Verreimen von Sätzen ohne Versform und das Umstellen von Sätzen für einen Reim
    ist keine neue Erfindung von mir, sondern nur *deutsche* Reimprosa.

Im Gegensatz zum Vers in einem Gedicht kann ein Satz bei der Reimprosa mehrere
    Textzeilen umfassen.
Mit Metrik muss sich ein(e) Dichter(in) bei der Reimprosa nicht befassen.

Reimprosa bedeutet: ohne Metrum, ohne Vers, nur mit Reim.
Dabei kann sowohl als Fließtext als auch in Form von Einzeilern oder mehrzeiligen
    Absätzen vorliegen jeder Reimpuzzlestein.

Reimpuzzlestein klingt lustig,
ist gemeint aber auch tiefsinnig.

Bei einem Gedicht gibt es immer eine bestimmte Reimfolge. (z. B.: abba, cddc, ...)
Bei der Reimprosa können die Reimpuzzlesteine vollkommen frei bis hin zu einem
    Durcheinander gesetzt werden, wobei es aber trotzdem übersichtlich sein sollte.
    (z. B.: abbbacddc, aaaaabb, ababccdeed; irrgedichtartig)

Im Buch „Songtexte schreiben" steht auf der Seite 100 folgende Empfehlung mit einem
    Beispiel, das Herbert Grönemeyer hat geschrieben und vertont:
»Kombinationen
    Würden sich alle Songs nur aus dem gleichen Reimschema zusammensetzen, dann
    würden sie bald gleichförmig klingen, wie etwa bei Volksliedern. Darum
    kombinieren Sie Formen untereinander, zum Beispiel ababcca, abcab, abcb.
    Beispiel: aabcbcc
    Vollmond, setz mich ins rechte Licht (a)
    Vollmond, du weißt, sie will mich nicht (a)
    leucht ihr ins Gewissen (b)
    mach mir 'nen Heiligenschein (c)
    ich kann sie nicht mehr missen (b)
    beeil dich, mach sie mein (c)
    Vollmond, ich bin so allein (c)
    (Aus VOLLMOND)«

Da haben wir keine Reimprosa.
Und nicht jeder Songtext ist ein Gedicht.

Ein Merkmal von Gedichten ist, dass man sie nachdenklich betrachten muss infolge ihrer
Kürze.
Die Reimprosa ist das Gegenteil, hier kann man die Sätze wie in einem Roman ausgiebig
ausstatten mit attributiver Würze.

Das Koranzitat von Friedrich Rückert ist bei Wikipedia im Artikel **Reimprosa** im
Gegensatz zur Versform im Buch als Fließtext vorhanden.
Aufklärend steht aber anschließend: „Nach den neuen Erkenntnissen der Koranforschung
nimmt der Korantext eine ‚Mittelstellung zwischen Poesie und Prosa' ein, denn die
Suren werden einerseits als Versreihen, andererseits als Satzreihen verstanden.“

Grundsätzlich ist die Reimprosa ein aus überwiegend oder nur Reimen bestehender
Fließtext.
Aber am Koran sehen wir, weil die Suren aus Versen und Teilversen bestehen, dass die
Sache ist komplex verhext.

Im Buch „Kleine Geschichte der arabischen Literatur“ steht auf der Seite 108: »*Ssadsch'*,
rhythmische Reimprosa, meist kurzgliedrige, gereimte Sprache ohne metrische
Bindungen, wie sie der Koran enthält, die aber schon aus vorislamischen
Weisheitssprüchen und Orakeln überliefert ist, wurde vom Ende des 10. Jahrhunderts
an zum Stilideal der höfischen Korrespondenz.«
Auch für die Reimprosa gibt es keine ewig gültige Definition, sondern auch sie unterliegt
Modetrends.

Wenn bei einem kurzen und einem mehrzeiligen Satz jeweils ein letztes Wort, die sich
reimen, ist vorhanden,
wer würde merken, dass es sich hier um einen Reim soll handeln?

Deshalb schreibe ich in Absätzen.
Ein zweizeiliger Absatz würde zu zwei Versen werden, würde ich mit einem weiteren
Reimwort eine Zäsur (Zeilenbrechung) setzen.

Im Koran von Friedrich Rückert kannst du sehen,
dass einige Teilverse (die meisten Surenverse bestehen aus mehreren Teilversen) in zwei
Zeilen stehen.
Einen Absatz aus meinem Tagebuch könnte es in einem ausreichend breiten Buch auch als
eine Zeile – also als Vers – geben.

Wikipedia kennt nicht das Wort „Teilvers“.
Aber über die Google-Suche findest du eine Hausarbeit, in der auch vorkommt das Wort
„Teilvers“.

Nur die wichtigsten Wörter (nicht mal die öffentliche Hamburger ›Bücherhalle‹ wirst du
    hier finden!) kennt der Brockhaus und stehen im DUDEN-Band 1 „Die deutsche
    Rechtschreibung" und/oder im Deutschen Universalwörterbuch.
Bei solchen Wörtern ich hier gar nicht erst such.

Ebenso wie ein Gedicht unterscheidet sich mein Tagebuch grundlegend von der Alltags-/
    Standardsprache.
Weil die Sätze in der Regel für einen Reim umgestellt wurden, wodurch sie sich von der
    Prosa unterscheiden, und weil sie sich eben reimen, ist auch mein Tagebuch eine
    poetische Sprache.

Man darf den Satz aber nicht so entsetzlich umstellen, dass es das Verständnis für die
    deutsche Sprache wird verletzen.
Folgendermaßen wollte Friedrich Rückert die 112. Sure übersetzen.

»1   Sprich: Gott ist Einer,
2   Ein ewig reiner,
3   Hat nicht gezeugt und ihn gezeugt hat keiner,
4   Und nicht ihm gleich ist einer.«

Unter solchen Umständen
solltest du besser die Versbrechung (Zäsur, Zeilensprung, Enjambement) verwenden.
Folgende Übersetzung der ersten beiden Verse der 80. Sure verdanken wir Friedrich
    Rückerts Händen.

»1   Er gieng verdrießlich wegen
2   Des blinden Manns, der ihm kam ungelegen.«

Bei der Übersetzung musste sich Friedrich Rückert an die Originalverse halten.
Unabhängig könnte man die Verse heute folgendermaßen gestalten.

„Er ging verdrießlich des blinden Manns wegen,
der ihm kam ungelegen."

In korrektem Deutsch geschrieben
würde der vierte Vers der 112. Sure folgendermaßen vorliegen:
„Und nicht einer ist ihm gleich."
Die Reimprosa ist nichts Minderwertiges, wie es viele Dichter(innen) und
    Lyrikwissenschaftler(innen) meinten und meinen, weil die Metrik fehlt in diesem
    Bereich,
sondern die Fantasie-, Scherz- und Freudemöglichkeiten machen die Lyrik unvorstellbar
    reich.

Eine möglichst kurze Gedichtzeile ist ein Vers.
So, wie ich schreibe, das ist der Albtraum eines jeden guten Dichters,
weil sich Satz auf Satz oder Absatz auf Absatz reimt anstatt Vers auf Vers.

Mir gefällt meine Reimprosa
tausendmal besser ['bɛsɐ]
als die modernen Freien Verse, die sich anstatt durch Reime nur durch ein anderes
    Textbild infolge der Zäsuren (Zeilenbrechungen) unterscheiden von der Prosa.

Um mein Tagebuch mit dem Titel „Testament 2000" verstehen zu können, musst du keine
    Fachbücher über die Lyrikanalyse kaufen und bei dem umfangreichen,
    wissenschaftlich-komplizierten Zeug anfangen zu weinen.
Das einzige Ziel, das ich habe, ist, dass sich die Sätze/Teilsätze reimen.

Ich immer reime,
wenn ich schreibe.

Im Buch „Produktiver Umgang mit Lyrik" auf der Seite 16 in der Arbeitsanregung „A 9:
    Ein Tisch in Prosa und Versen" die Beispieltexte a) in Prosa, b) in freien Versen
    und c) in Form eines Reimgedichtes stehen:

»*Der Tisch*

a)   Es war einmal ein Tisch, der war ganz aus Tannenholz gemacht. Das wußte er
      auch und dachte Tag und Nacht daran, woher er stammte, woraus er bestand und
      daß er eigentlich immer noch eine Tanne war. Und wenn er den Wind ums Haus
      wehen hörte, dann konnte er nicht mehr ruhig stehen und schwankte hin und her.

b)   Ein Tisch ist ganz
      Aus Tannenholz gemacht.
      Bei Tag und Nacht denkt er,
      Woher er stammt:

      Tannengedanken.

      Hört er vorm Haus den Wind,
      Dann kann er nicht
      Mehr ruhig stehn. Dann
      Schwankt er hin und her.

c)   Er ist aus Tannenholz gemacht,
      daran denkt er bei Tag und Nacht.

> Vor lauter Tannengedanken
> beginnt er sogar zu schwanken.
>
> Er hört den Wind vorm Hause gehn –
> wie sollte er da ruhig stehn!«

Die Reimprosa dazu würde folgendermaßen aussehen:

> „Es war einmal ein Tisch, der war ganz aus Tannenholz gemacht. Bei diesem Gedanken wurde er grüblerisch. Er überlegte Tag und Nacht, woher er stammt, woraus er bestand und ihm wurde klar, dass er dazu, immer nur eine Tanne zu sein, ist verdammt. Und wenn er den Wind ums Haus hört wehen, dann kann er nicht mehr ruhig stehen und kommt ins Schwanken vor lauter Tannengedanken.“

Die Versform ist sowohl ein Gedicht als auch Reimprosa,
weil die Zeilenumbrüche nur der Übersichtlichkeit halber zur schnelleren und besseren Erkennung der Reime sind da:

> „Es war einmal ein Tisch,
> der war ganz aus Tannenholz gemacht.
> Bei diesem Gedanken wurde er grüblerisch.
> Er überlegte Tag und Nacht,
> woher er stammt,
> woraus er bestand
> und ihm wurde klar, dass er dazu, immer nur eine Tanne zu sein, ist verdammt.
> Und wenn er den Wind ums Haus hört wehen,
> dann kann er nicht mehr ruhig stehen
> und kommt ins Schwanken
> vor lauter Tannengedanken.“

Gernot Rotter hat für das Buch „Vernunft ist nichts als Narretei“ alle 52 in arabischer Reimprosa geschriebenen Maqâmen von Al-Hamadhânî aus der Zeit um die erste Jahrtausendwende unserer Zeit in deutsche Reimprosa – einige Abschnitte auch in gewöhnliche Prosa – übersetzt.
Wie ist es möglich, dass sich jemand zu solch einer schwierigen und zeitaufwendigen Arbeit hinsetzt?

Die erste Maqâme ist vier Seiten lang.
Folgende zwei Absätze bilden den Anfang:

»Die Dichtkunst

Nachdem mich meine Reiselust von Ort zu Ort getragen, wurde ich ins äußerste
Dschurdschân verschlagen. Um für schlechte Zeiten vorzusorgen, erwarb ich mir dort ein
paar Morgen, die ich gut bebaute, während ich dem Handel Waren anvertraute. Auch
nahm ich einen Laden, den ich mir als Treffpunkt dachte, und wähle ein paar Kameraden,
die ich mir zu Freunden machte. Ich war zu Hause früh und spät am Tag und widmete
dem Laden, was an Zeit dazwischen lag.
Als wir eines Tages dort zusammensaßen, wobei wir über Dichtung und von Dichtern
sprachen, saß ein junger Mann uns nahe gegenüber, der uns lauschte, so als ob ihm nichts
entgehe, aber schwieg, als wenn er nichts davon verstehe. Schließlich aber, als sich das
Gespräch zu Ende neigte, und uns unsre Rede schleppend ihre Säume zeigte, sprach er:
›Ihr habt in mir gefunden, wie ich glaube, eine volle Datteltraube und auch einen rauen
Pfosten, um das Jucken eurer Felle daran auszukosten. Wollte ich mein Schweigen
brechen, würde ich gar überschäumend sprechen, würde euch mit immer neuem Wissen
nähren und die Wahrheit euch erklären mit solch beredten Worten, dass sie auch dem
Tauben in den Ohren klingen und die Gämsen vom Gebirge springen.‹«

Im Buch „Trostlied für Aus- und Angebombte" steht folgendes Beispiel in Reimprosa auf
   der Seite 20 in Handschrift
und auf der Seite 21 in Druckschrift:
   »DER MORALISCHE MONDAMTSSCHIMMEL

Der Mondamtsschimmel voller Würden, geht über Gräber, über Hürden. Er dient dem
Armen wie dem Reichen und hilft sehr gern den Mondscheinleichen, am liebsten aber
Seinesgleichen. Doch, leider aber nur im Traum, am Tage ist er müd und schwach
und auch kein Freund von Ungemach, zum Beispiel: Schaffen, Dienen, Pflichten,
lieber gut fressen, oft Notdurft verrichten und wiehern in den Raum hinein. Wie
schön sieht man sich allein, für sich selbst kommt alles stets zur Zeit. Der Weg zum
Leid ist ihm zu weit, auch trifft man Sorge da und Not, frühzeitig geht man dabei tot.
Drum tut er Ruhe gern bewahren, läßt Andere Andere verscharren. Ist er zum Erben
nur zur Stell, sagt er: Leute macht jetzt bloß schnell. Nun sagt bloß ist das nicht reell?
So nimmt der Schimmel seinen Lauf, läßt hinter sich so manchen Haufen. Die
Spatzen dankbar zu Ihm blicken, Gott möge uns mehr Schimmel schicken, die
Spatzenwelt hoch zu beglücken. Sagt, ist das denn nicht zum Entzücken? Gott gebe
ihm viel Haferstärke, damit es jedes Spätzlein merke.
Die Himmel rühmen seine Werke
(Bürger)«

Im Buch „Trostlied für Aus- und Angebombte" steht auf der Seite 22 folgendes
    Reimprosa-Beispiel.
Die Waise „wie er täglich beweist" und die Waise „uns nicht die geringste Freude
    schaffen" mir auffiel.
    »Bist nie zu sehen und doch stets zu hören, du Mann der Dämonenamtsgewalt. Sein
Herz und seine Seele sind sehr kalt, wie er täglich beweist. Er hat ne Sonne, die zwar
scheint und glänzt, jedoch nicht wärmt, wenn sie kredenzt. Die Speisen, die uns nicht
bekommen, uns nicht die geringste Freude schaffen, weil wir dann sehr benommen,
geschwächt, entblättert aller Kraft, gehemmt der reine Lebenssaft.«

Folgendes Gedicht im Buch „Trostlied für Aus- und Angebombte" auf den Seiten 64f. ist
    auch Reimprosa,
weil der Text im Grunde ist Prosa.
Das Ende einer Zeile ist keine Versbrechung,
sondern nur der Übersichtlichkeit halber eine Reimaufteilung.
    »DER MONDPROPHET

    Du armes blödes Mondkamel,
    der Mondpfaff sorgt für deine Seel,
    er füttert sie mit Dunst und Stroh,
    das macht dich übermenschlichfroh.
    Nun bist du eine Sorge los,
    sorgst jetzt für deinen Körper bloß.
    Seelsorgen leicht und billiger ist,
    weil die Seele nicht Wurst und Schinken frißt.
    Warum sorgt er nicht für deinen Leib,
    das wär doch auch ein Zeitvertreib,
    nun, das kostet aber viel Geld,
    im Geldgeben ist er kein Held.
    Und hier der Has' im Pfeffer liegt,
    man deutlich sieht, wer nun betrügt!
    Der Leib braucht Nahrung und sein Haus,
    sonst hält es keine Seel drin aus,
    wenn sie nicht Heizung, Kleider hat,
    nützt nichts, wenn die Seele auch noch so satt;
    und dieses muß erarbeitet sein,
    sonst kommt doch nichts in Mastdarm rein,
    drum wähl ich mir den bess'ren Teil,
    schaff lieber für das Seelenheil.
    Da ich nicht gerne arbeiten tue,
    leb so viel schöner, hab mein' Ruh,
    lob mir den Himmel hier auf Erden,

bevor ich erst begraben werde.
Und schließlich muß man auch was thun,
nur gegen ehrlich' Arbeit sei immun.
Am leichtesten ist Seelsorgerei,
das tu ich gern ich bin so frei.
Ich bleib dabei ein feiner Mann,
ihr seht's schon an meinem Anzug dran,
steh unfehlbar auf dieser Erd,
hab alles was mein Herz begehrt,
weil ich von Gott gesegnet werd.
Und schließlich ist das auch was wert.
Nun Mondkamel ist das nicht schön,
tut man was für seinen Vorteil drehn,
der Nächste interessiert ihn nicht,
das ist die Moral von der Geschicht.
Sorg für die Seel doch arbeit' nicht.
Denn Arbeit nur für Dumme ist.«

Weder Wikipedia noch der Brockhaus ist an Reimmöglichkeiten und an Begriffen aus der
Lyrik vollständig.
Auch aus diesem Grunde war dieses Buch notwendig.

Im Internet gibt es so viele Seiten über Reime – die immer lückenhaft sind, auf denen
manches unverständlich und hin und wieder sogar falsch ist und auf denen super
Reime (z. B. rührende Reime, leichte Reime, Reimwörter mit den Endungen -heit,
-keit, -sam, wie man sie im Reimlexikon findet) als unschön oder sogar als fehlerhaft
werden bezeichnet.
Wer solch eine Seite besucht hat, den Versuch zu reimen zeit seines Lebens vermeidet.

Wenn du im Brockhaus nach unreinen Reimen suchst, bekommst du den Artikel
„Assonanz".
Der eine Satz hier und die Anmerkung unter dem Stichwort **Reim** „unreine Reime
(Halbreim, Gleichklang nur der Vokale: Assonanz)" erstrahlen nicht in großem Glanz.

Der Brockhaus kennt zur Konsonanz nur die musikalische Richtung.
Bei Wikipedia gibt es immerhin schon den roten Link „Konsonanz (Linguistik)", zu dem
es noch keinen Artikel gibt (sonst wäre er blau), für die Konsonanz in der Dichtung.

Wikipedia kennt nicht das Wort „Binnenzäsur".
Der Brockhaus kennt nicht das Wort „Binnenzäsur".
Weder im DUDEN-Band 1 „Die deutsche Rechtschreibung" noch im Deutschen
Universalwörterbuch gibt es das Stichwort **Binnenzäsur**.
In Metzlers Lexikon Sprache gibt es nicht das Stichwort **Binnenzäsur**.
Im Lexikon lyrischer Formen gibt es nicht das Stichwort **Binnenzäsur**.
In der Neuen Versschule steht auf den Seiten 13, 18, 48, 81 das Wort „Binnenzäsur".
Ist Christoph Hönig der Einzige, der einen sprachlichen Unterschied macht zwischen der
Zäsur, die eine Versbrechung kennzeichnet,
und dem Verseinschnitt, den er als Binnenzäsur bezeichnet?

Beim DUDEN viele Wörter nur im Band 1 „Die deutsche Rechtschreibung" stehen.
Und viele Wörter nur im Deutschen Universalwörterbuch stehen.
Manchmal muss ich erst mal in beiden Büchern nachsehen.

Dabei handelt es sich um tausende, vielleicht zehntausende Wörter.
Es macht keinen Sinn, wenn ich hier nur zwei Beispiele erörter.

Im Buch „Songtexte schreiben" steht auf der Seite 93:
»Außerdem reimt sich auch nicht Tier'falle auf Mäuse-'falle, da der Konsonant ›f‹ vor
dem letzten betonten Vokal in beiden Worten derselbe ist. Die zu reimenden Silben
sollten nicht identisch sein.«
Wieso haben die Songtextschreiber etwas gegen den rührenden Reim?

3   Jahreszahlen

Es war einmal vor vielen, vielen Jahren, da gab es in dieser Welt nur diese und jene
   Bilderschrift.
Im Deutschen Universalwörterbuch steht, dass diese temporale Form des Wortes „da" ist
   gehoben veraltend.
Aber der DUDEN muss nicht immer bleiben recht behaltend.
Welches Wort könnte ich denn stattdessen gebrauchen sagend und schreibend?
3100 v. u. Z. erfanden die Sumerer die Wortsilbenschrift.
Seit 4000 Jahren gibt es die chinesische Bilderschrift.
Jetzt versuche einmal, ein Buch oder eine Zeitung zu lesen, das bzw. die vor 70 Jahren
   erschien in deutscher künstlerischer Druckschrift.

Im Brockhaus steht im Artikel „Lautverschiebung" u. a.: »Die erste Lautverschiebung
   wird sehr verschieden datiert (500 v. Chr. bis 3. Jahrhundert n. Chr.), die zweite hat
   sich in ihrem Kerngebiet im 7. Jahrhundert n. Chr. durchgesetzt.«
Anderenorts werden uns genauere Daten vorgesetzt.
Bei Wikipedia steht im Artikel „Erste Lautverschiebung": »Da kein lateinisches Lehnwort
   in einer der germanischen Sprachen die Lautverschiebung mitvollzogen hat, musste
   diese jedenfalls vor der Ausbreitung des Lateinischen in Mitteleuropa ab dem
   1. Jahrhundert n. Chr. abgeschlossen sein. Auch der Umstand, dass sich die
   urgermanische Spracheinheit spätestens ab dieser Zeit allmählich auflöste, aber alle
   germanischen Sprachen die Lautverschiebung komplett durchgeführt haben, setzt
   voraus, dass dieser Lautwandel um Christi Geburt in allen Teilen des germanischen
   Sprachgebietes abgeschlossen war.«
Bei Wikipedia steht im Artikel „Zweite Lautverschiebung": »Bei der zweiten
   Lautverschiebung handelte es sich um einen längerfristigen und mehrphasigen
   Prozess, der zu Beginn der Überlieferung des Althochdeutschen im 8. Jahrhundert
   n. Chr. noch nicht ganz abgeschlossen war.«

Nicht nur die erste Lautverschiebung (auch germanische Lautverschiebung genannt)
   verdrängte das Indogermanische und ließ das Germanische entstehen.
Der im Indogermanischen noch freie Wortakzent (d. h. jede Silbe konnte die
   Hauptbetonung tragen) wurde zugunsten der Initialbetonung, d. h. der Betonung der
   jeweils ersten Silbe des Wortes, aufgegeben.
Die Folgen dieser Festlegung für die Entwicklung der germanischen Sprachen sind
   beträchtlich.
Durch die Abschwächung der unbetonten Silben wurde das komplizierte indogermanische
   Kasus- und Verbalsystem vereinfacht, was die Umwandlung vom synthetischen zum
   analytischen Sprachgebrauch förderte wesentlich.

Für den Beginn des Althochdeutschen (750–1050 u. Z.) verantwortlich ist nicht nur das Ende der zweiten Lautverschiebung (auch deutsche, hochdeutsche oder althochdeutsche Lautverschiebung genannt) allein.

Ein weitgehend schriftloses Volk (die deutschen Stämme – z. B. die Nachkommen der Teutonen, die die Sprache des altgermanischen Gottes Teut's sprachen – das Wort „deutsch" geht aber auf das althochdeutsche „theodisc, diutisc" aus der germanischen Wurzel „theoda" für „Volk, Stamm" zurück) tritt in die Schriftlichkeit (jetzt Handschrift auf Papyrus oder Pergament im Gegensatz zur geritzten oder gravierten Runeninschrift auf Gegenständen oder Steindenkmälern, die es bereits seit dem 2. Jahrhundert n. Chr. gab) ein.

Bei den damaligen Schriften germanische Runen, Lateinisch, Griechisch, Hebräisch sagte man nicht zuletzt, weil die Sprache der Wissenschaft und die Sprache der Mönche Lateinisch war und weil der Hauptgrund für die deutsche Schrift überhaupt war, dem Volk, das dem Lateinischen in der Regel nicht mächtig war, den Inhalt der Bibel verständlich zu machen, dass es die lateinischen Buchstaben sollen sein.

Es waren mühselige Anfänge, z. B. waren manche lateinische Buchstaben überflüssig, bestimmte Buchstaben trafen nicht genau, z. T. auch nicht annähernd den Laut, den sie abbilden sollten, und für so manchen Laut fehlte sogar ein Textbaustein.

Auch noch das gesamte Mittelalter über bleiben wesentliche Lebensbereiche, wie z. B. der ganze Rechtsbereich, die Verwaltungssprache, die Hohen Schulen, Theologie und Medizin in der Dominanz des Latein.

In der sprachlichen Form des Althochdeutschen ist die Klangfülle der Wörter auffallend, die durch die volltönenden Vokale der Nebensilben bedingt ist, was eine Vielfalt ins Formensystem brachte hinein.

Althochdeutsch sind die Texte und sprachlichen Elemente, die Formen der althochdeutschen Lautverschiebung aufweisen.

Texte oder Sprachelemente ohne lautverschobene Formen Altniederdeutsch oder Altsächsisch heißen.

Die einschneidendste lautliche Veränderung im Mittelhochdeutschen (1050–1350 u. Z.) ist die Abschwächung unbetonter Nebensilben, wodurch alle althochdeutsch noch vollen Endsilbenvokale in -e- zusammenfallen.

Die Akzentveränderungen in der Entwicklung des indogermanischen freien Akzents zur Stammsilbenbetonung des Germanischen noch bis in diese Zeit nachhallen.

Im Mittelhochdeutschen ein Verb nun regelmäßig ein Personalpronomen (z. B.: ahd. „hilfu" → mhd. „ich hilfe") erhält.

Und das Substantiv bekommt einen Artikel (z. B.: ahd. „zungūn" → mhd. „die zungen") vorangestellt.

Im Frühneuhochdeutschen (1350–1650 u. Z.) begannen die erst im Neuhochdeutschen
abgeschlossenen Lautveränderungen.
Die Sprache wurde von der neuhochdeutschen Diphthongierung (z. B.: mhd. „mîn" →
nhd. „mein", mhd. „hûs" → nhd. „Haus"), von der Monophthongierung der alten
Diphthonge (z. B.: mhd. „guot" → nhd. „gut", mhd. „güetec" → nhd. „gütig"), von
der Dehnung der kurzen, offenen Stammsilben (z. B.: mhd. „ligen" → nhd. „liegen",
mhd. „nëmen" → nhd. „nehmen") und von weiteren Wandlungsprozessen (z. B.:
mhd. „slafen" → nhd. „schlafen", mhd. „swalwe" → nhd. „Schwalbe", mhd. „varwe"
→ nhd. „Farbe") durchdrungen.

Die Strukturveränderungen des Neuhochdeutschen gegenüber dem
Frühneuhochdeutschen betrafen vor allem die Flexionsformen,
während die Laute nahezu unverändert blieben, es nur gelegentlich gab kleinere
orthografische Reformen.
Die letzte neue deutsche Rechtschreibung ist am 1. August 2006 verbindlich geworden.

Seit dem 17. Jahrhundert gibt es die neuhochdeutsche Sprache.
Bis auf den heutigen Tag kann niemand definitiv sagen, wo gesprochen wird die
neuhochdeutsche Sprache.
Wird Neuhochdeutsch nur von Ausländern gesprochen, die es aus Büchern gelernt haben
als Fremdsprache?
Ausschlaggebend für die Bezeichnungen „Hochdeutsch" und „Niederdeutsch" war allein
die geografische Höhenlage.
Hochdeutsch ist heute vor allem (im Gegensatz zu seiner Entstehung, als die Schrift die
Laute widerspiegeln sollte – jetzt ist es genau umgekehrt) eine Schriftsprache.
Daneben gibt es als Mundarten diese und jene Regionalsprache.
Man muss unterscheiden zwischen der Schriftlichkeit
und der Mündlichkeit.
Gibt es einen Deutschen, der mit dem DUDEN-Band 6 „Das Aussprachewörterbuch"
nicht mindestens hat eine Schwierigkeit?
Für die Verbreitung der hochdeutschen Aussprache zwei Ursachen im Vordergrund stehen.
Zum einen spricht dein Geist wegen der hochdeutschen Schriftsprache tonlos hochdeutsch
beim Lesen.
Zum anderen haben das dialektfreie, hochdeutsche Sprechen gelernt die Sprecher(innen)
seit 1925 beim Radio und seit 1952 (in der Bundesrepublik; seit 1955 in der DDR)
beim Fernsehen.

Mit zwei parallel laufenden Auffassungen schien die tatsächliche hochdeutsche
Aussprache am Ende des 19. Jahrhunderts unklar:
1. Das beste Hochdeutsch wird in Norddeutschland gesprochen.
2. Das beste Hochdeutsch wird im ernsten Drama auf der Bühne gesprochen.
Noch 1898 erscheint die ›Deutsche Bühnenaussprache‹ von Theodor Siebs, die bis in die
60er Jahre des 20. Jahrhunderts (als neue Aussprachewörterbücher entstanden)
alleiniges Vorbild war.
Ein perfekt gesprochenes Hochdeutsch ist im Privatleben nicht vorstellbar.

In China wurde der Reim bereits im 10. bis 7. Jahrhundert v. Chr. verwandt,
als das Buch der Lieder entstand.

Das alte Testament kennt den Reim ebenso wenig wie die Dichter im Alten Orient und in
der griechischen und römischen Antike, die den Gleichklang der Laute als unschön
ablehnten.
Vermutlich war der Gleichklang bei den damaligen Sprachen deprimierend eintönig
langweilig, sodass sie sich nach der klanglichen Vielfalt sehnten.
Vermutlich konnten sie auch gar nicht viel reden,
weil ihnen ganz einfach die Gesprächsthemen fehlten. (Schlagreim, Assonanz)

Der heilige Bischof, Kirchenvater, Schutzpatron der Städte Mailand und Bologna, der
Krämer, Imker, Wachszieher, Lebkuchenbäcker, Bienen, Haustiere und des Lernens
Ambrosius von Mailand (* 339; † 397) führt den wohl aus Syrien stammenden
hymnischen Chorgesang in die abendländische Kirche ein und hat auch selbst
Hymnen, die zwar aus Versen bestehen, sich aber nicht immer reimen, geschrieben.
Bei Wikipedia kommt man über einen Link zu Wikisource, wo die lateinischen Hymnen
von Ambrosius von Mailand für jedermann {Warum „jedermann" mit Doppel-n
und „Mann" in den Ausrufen „Oh Mann!", „Mann, ist das schön!" groß und mit
Doppel-n geschrieben werden muss, obwohl doch alle gemeint sind und nicht nur die
Männer, kann ich nicht verstehen. Bei Wendungen wie z. B. „alle Mann an Bord, an
Deck!", „tausend Mann", „mein lieber Mann!", „alle Mann [hoch]", „seinen Mann
stehen", „seinen Mann ernähren", „etwas an den Mann bringen", „der kleine Mann"
müssen man und frau ihre Herkunft sehen. Noch immer sind viele Männer der
Meinung, dass die Frau nur dazu da ist, Kinder zu kriegen und am Herd zu stehen.
Das Wichtigste und das Geringste verbindet die stabende Wendung „mit Mann und
Maus untergehen". Bis auf den heutigen Tag kämpfen die Frauen auch im Staat
DEUTSCH für ihre Gleichberechtigung, z. B. fast alle Frauen für die gleiche Arbeit
mit weniger Lohn nach Hause gehen.} zum Lesen vorliegen.
Möglicherweise sind in diesen lateinischen Hymnen alle Verse Reime,
nur dass ich das oft nicht erkenne, weil es sind Assonanzen oder unreine.
Möglicherweise war auch das für Martin Opitz ein Grund dafür, dass er im Gegensatz zur
lateinischen Dichtkunst für die deutsche Dichtkunst wollte ein anderes Grundprinzip,
woraufhin er das bahnbrechende „Buch von der Deutschen Poeterey" schrieb.

»Behramgur, sagt man, hat den Reim erfunden« („Buch Suleika"; Goethe, Werke,
    Hamburger Ausgabe, Band 2, S. 79)
Im Jahr 440 u. Z. hat er die ewige Ruhe gefunden. (Goethe, Werke, Hamburger Ausgabe,
    Band 2, S. 638)
Die Araber sehen bis heute die gereimte Dichtkunst als ihren Beitrag zur Kultur der
    Menschheit an und man dabei denkt:
„Die Griechen haben der Welt die Wissenschaft gegeben, die Perser die Kunst, wir Araber
    aber haben ihr die Dichtung geschenkt."

Ob er auch auf die Idee kam, ist nicht bekannt.
Aber mit seiner Evangelienharmonie (Liber evangeliorum; 863–871 u. Z.) hat Otfrid von
    Weißenburg als Erster den seit dem 4. Jahrhundert in der christlichen
    Hymnendichtung existierenden lateinischen Endreim aufs Althochdeutsche
    angewandt.
Es sind binnengereimte Langzeilen (auch althochdeutscher Endreimvers, zäsurgereimter
    Langvers, Otfried-Vers genannt), bei denen sich jeweils der Abvers
reimt auf den Anvers.
Bei Google gibt es zu Otfrid von Weißenburg auch eine Bildergalerie.
Interessiert dich die althochdeutsche Schrift oder die Evangelienharmonie,
dann sie dir ansieh.

Das Jahrhundert von 1250 bis 1350 kann man als Übergangsperiode ansehen,
wo in zunehmendem Maße deutsche Prosaliteratur und Urkunden entstehen.
Von 1200 bis 1250 waren es 13 Urkunden.
Von 1251 bis 1275 waren es 246 Urkunden.
Von 1276 bis 1282 waren es 305 Urkunden.
Aus der Zeit vor 1200 hat man nur lateinische Urkunden gefunden. (Schlagreim)

Ein Schreiber im mittelalterlichen Skriptorium benötigte etwa drei Jahre, um eine Bibel
    vollständig abzuschreiben.
Nach etwa der gleichen Zeit von 1451 bis 1454 konnte Gutenberg dank der Erfindung des
    Buchdrucks mit beweglichen Metalltypen 180 identische Exemplare vorzeigen.

1492 landete auf den Bahamas Christoph Kolumbus, der Eroberer.
Er meinte allerdings, Indien entdeckt zu haben – daher der Name „Indianer" für die
    Ureinwohner.

Seit 1534 die erste vollständige Lutherbibel erschien, war das Lesen- und Schreibenlernen
jahrhundertelang hauptsächlich mit der Bibel möglich.
Das Auswendiglernen bestimmter Bibelabschnitte war für jeden Christen wichtig.
Luthers Bibelübersetzung aus dem Griechischen und Hebräischen war nicht die erste
deutsche Bibel, aber im Gegensatz zum altertümlichen, schwerfälligen Stil der
Vulgata (Alle anderen Bibelübersetzungen waren mehr oder weniger Wort-für-Wort-
Übersetzungen der Vulgata. Von der Kirche als Häretiker (Irrlehrer) verurteilt zu
werden, bedeutete Marter. [marte]) in einer Form (sola scriptura – allein durch die
Schrift) geschrieben, die einerseits der gesprochenen Sprache näher kam, andererseits
dennoch Eleganz besaß und damit war besser verständlich.
Durch die immer höheren Auflagen des Buchdrucks wurde die Bibel zunehmend auch für
den kleinen Mann erschwinglich.

Mit Luthers Bibeldeutsch auf mitteldeutsch-oberdeutscher Basis und bibelautoritativer
Wirkung im Volk wird nach dem Nebeneinander der deutschen Schriftsprachen nun
vorgegeben eine überregionale Ausrichtung.
Für eine einheitliche deutsche Schriftsprache war das die erste Grundlegung.

1543 erschien die Schrift „De Revolutionibus Orbium Coelestium" (deutsch: „Von den
Drehungen der Himmelskreise"), in der Nikolaus Kopernikus behauptet, dass sich die
Erde mit den Menschen nicht unbeweglich im Mittelpunkt des Universums befindet,
sondern dass die Erde ebenso wie die anderen Planeten in kreisförmigen Bahnen um die
Sonne sprintet.

Latein war die Sprache der bedeutenden deutschen Lyriker im 16. Jahrhundert.
Die Leistungen in lateinischer Sprache, wie sie im Deutschen noch lange nicht möglich
waren, wurden europaweit bewundert.

Als 1624 das „Buch von der Deutschen Poeterey" von Martin Opitz erschien, war das
Schreiben von Versen außer im Minnesang noch überwiegend in lateinischer Sprache
üblich.
In diesem Buch verlangte er, das bloße Zählen von kurzen und langen Silben nach „Art
der Griechen und Lateiner" und die damit verbundenen Falschbetonungen
aufzugeben und stattdessen das Zusammenfallen von Wort- und Versakzent und den
Wechsel von Hebung und Senkung anzusehen als wichtig.
Dadurch wurden die deutschen Verse natürlicher und viel schöner klanglich.
Unreine Reime, Wortverkürzungen und Zusammenziehungen fand er abscheulich.
Auch Fremdwörter empfand er als unerfreulich.
Dieses Buch machte die deutsche Sprache literaturfähig.

Bis auf den heutigen Tag ist Latein die Sprache der Wissenschaft.
Bereits in der Grundschule wird man im Deutschunterricht mit Lehnwörtern wie z. B.
Substantiv, Subjekt, Verb, Adverb, Prädikat, Adjektiv, Präposition, Genuss, Numerus,
Singular, Plural, Kasusflexion, Nominativ, Genitiv, Dativ, Akkusativ, Relativadverb,
Reflexivpronomen, Indefinitpronomen, Affix, Präfix, Suffix, Präteritum,
Präsenspartizip, Präsensperfekt, Plusquamperfekt, Futur, Imperativ, Indikativ,
Konjunktion, Subjunktion, die man sich nicht merken kann, in Verlegenheit
gebracht.

Im 18. Jahrhundert wird das Leiselesen allgemein, vorher war Lesen immer Vorlesen,
jeden Text man schon beim Schreiben mit dem Vorlesen verband.
Vorher musste man nur so schreiben, dass das Ziel der Kommunikation erreicht wurde,
dass ein geeigneter (Vor)Lesetext entstand.

1754 hat Friedrich Gottlieb Klopstock die Freien Rhythmen erfunden.
Als Vorbild hatte er die Dithyramben Pindars (497/496 v. Chr.) gefunden.

Bei Wikipedia steht, dass der freie Vers reimlos ist und dass zeitgenössische Gedichte
überwiegend nicht in freien Rhythmen, sondern in freien Versen sind geschrieben.
Im Buch „Neue Versschule" gibt es die 9. Lektion „Moderne Freie Rhythmen" und steht
auf den Seiten 25, 85, dass Freie Verse immer mit Endreim vorliegen.
Das Lexikon lyrischer Formen kann uns aufklärend belehren:
Unter den Stichwörtern **Freie Rhythmen** steht, dass sie sich im 19. Jahrhundert mehr und
mehr der Prosa annähern und schließlich in den Freien Vers übergehen.
Folgendermaßen
kann unsere Fragen
die Ausführung unter den Stichwörtern **Freie Verse** beantworten:
»Ursprünglich waren damit metrisch geordnete (meist alternierende) Reimverse gemeint,
deren Silben- und Hebungszahl jedoch variabel ist. Vorbild für diesen Vers, der vor
allem im 17. und 18. Jahrhundert zunächst in Frankreich, dann auch in Deutschland
sehr beliebt war, war der italienische Madrigalvers, für den die Bezeichnung denn
auch hauptsächlich verwendet wurde. In einen ganz anderen
entstehungsgeschichtlichen Zusammenhang gehört dagegen jener ›F. V.‹, der im 19.
Jahrhundert in der sog. {im Abschnitt „Benutzungshinweise – Abkürzungen" stehen
nicht die Abkürzungen ›sog., u. a.‹} Modernen Lyrik üblich wurde und erstmals bei
Rimbaud und anderen französischen Symbolisten auftaucht, später dann auch im
deutschen Expressionismus, so bei Stadler, Else Lasker-Schüler, Werfel u. a. Dieser
›F. V.‹ verzichtet auf metrische Regulierungen und wirkt trotz des Reims, der
vielfach aber auch schon aufgegeben wird, mehr oder weniger prosanah. Der
Stadlersche Langzeilenvers ist – wenngleich zum Teil noch stark alternierend – auf
dem Weg zum Prosagedicht („Der Aufbruch"). In der deutschen Lyrik nach 1945 ist
der F. V. wohl die vorherrschende Art der Versifikation. Einem Hinweis Schlawes
folgend, sollte man die Bezeichnung ›F. V.‹ nur für die zweite der beiden hier

angeführten Traditionslinien verwenden (für die erste haben wir die Bezeichnungen
›Madrigalvers‹ und ›vers libre‹), und hier vor allem für die immer mehr
vordringenden reimlosen Formen.«

1880 erscheint Konrad Dudens »Vollständiges Orthographisches Wörterbuch der
deutschen Sprache«, in dem die Regeln der preußischen und bayerischen
Schulorthografie erstmals auf einen umfangreichen Wortschatz angewendet sind und
dieser »Urduden« wird zum Grundstein für eine einheitliche Rechtschreibung im
gesamten deutschen Sprachraum.
1717 führt Preußen als bedeutendster deutscher Staat die Schulpflicht ein, aber erst mit der
Weimarer Verfassung 1919 wird wahr dieser Traum.
Jeder weiß von den existenziellen Nöten der Ärmeren in der Stadt und auf dem Land in
der damaligen Zeit aus Berichten.
Auf die tägliche Mitarbeit der Kinder im Haus und auf dem Feld konnte man nicht
verzichten.

In Büchern kannst du lesen
und in Filmen kannst du sehen,
wie die Zustände und die Menschen noch vor 100 Jahren waren. (Schlagreim)
Im Jahr 1783 ist zum erstem Mal ein Heißluftballon und im Jahr 1900 zum ersten Mal ein
Zeppelin durch die Luft gefahren.

Seit der erfolgreichen Erprobung der Atombombe in Hiroshima (6. Aug. 1945) und
Nagasaki (9. Aug. 1945) die meisten Menschen zu einem dritten Weltkrieg schwiegen.
Unaufhörlich Strahlungsdetektoren der Raketenabwehr MD (engl. missile defense;
ehemals NMD, seit 2002 ist sie nicht mehr nur national) weit über uns fliegen.
Die Militarisierung des Weltalls mit Raketen, die auf die Mutter Erde gerichtet sind, ist mit
mehreren hundert Milliarden Forschungsdollars pro Jahr in vollem Gang.
Kein Beteiligter möchte in Form von Friedens- und Abrüstungsverträgen stattdessen einen
Neuanfang.

Noch bis in die 1970er Jahre wurden in deutschen Schulen Schreibtafeln benutzt.
Bis in die 1960er Jahre waren sie aus Schiefer, dann wurden Kunststofftafeln verschmutzt
und geputzt.

Im Jahr 1985 hat in den Schulen der DDR der Taschenrechner (Ich benutze in noch immer.
Er heißt „Schulrechner SR1". Ich habe auch einen besseren Taschenrechner. Aber
der SR1 hat nur halb so viele, dafür aber doppelt so große Tasten.) den Rechenstab
abgelöst.
Ich gehöre zur alten Garde, die in der Schule noch nicht vom Rechenstab wurden erlöst.

Seit der Wende 1989 man in seinem Personalausweis „Staatsangehörigkeit: DEUTSCH"
liest.
Seitdem frage ich mich, wo der Staat „deutsch", den wir in Formulare eintragen müssen,
liegt.
Nach der Wiedervereinigung war diese Regelung die einzige Möglichkeit.
Aber soll das so bleiben bis in alle Ewigkeit?

Im Jahr 1998 hatten sich Klagen von Eltern aus den letzten zwei Jahren und das Ergebnis
einer Unterschriftenaktion, bei der sich zahlreiche Schriftsteller beteiligten, gegen die
Rechtschreibreform aufgeschichtet.
Am 1. August 1998 tritt die Neuregelung der deutschen Rechtschreibung in Kraft und an
allen Schulen Deutschlands, Österreichs, der Schweiz und Liechtensteins wird nach
den neuen Regeln unterrichtet.
Im Sommer 2000 kehrt die Frankfurter Allgemeine Zeitung (FAZ) zur alten
Rechtschreibung zurück.
Anfang 2004 nehmen die zuständigen staatlichen Stellen den vierten Bericht der
Zwischenstaatlichen Kommission für deutsche Rechtschreibung an, in dem einige
Modifizierungen des amtlichen Regelwerks von 1996 vorgeschlagen werden, die in
der 23. Auflage des Rechtschreibdudens bereits umgesetzt sind – und im August
erscheint das Prachtstück.
Im Juni 2004 beschließt die Kultusministerkonferenz die Ablösung der
Zwischenstaatlichen Kommission für deutsche Rechtschreibung zum Jahresende, um
einen international besetzten „Rat für deutsche Rechtschreibung" einzusetzen, der zur
Befriedigung aller (Schulen, Schriftsteller, Medien usw.) vollbringen soll ein
Kunststück.
Im August 2004 kehren die Axel Springer AG und der Spiegel Verlag zur alten
Rechtschreibung zurück.
Im Februar 2005 entscheidet sich der Rat für die Einsetzung von Arbeitsgruppen zu den
Teilbereichen „Getrennt- und Zusammenschreibung
Groß- und Kleinschreibung,
Zeichensetzung
und Worttrennung.
Am 27. Februar 2006 wird den zuständigen Stellen das entsprechend überarbeitete
amtliche Regelwerk übergeben.
Damit sind die Voraussetzungen für einen baldigen Entscheid seitens der Politik gegeben.
Seit dem 1. August 2006 gilt die neue Rechtschreibregelung verbindlich für jeden.

4   Musik

Die meisten deutschen Interpreten und Gruppen singen in der Weltsprache Englisch,
obwohl die meisten ihrer Landsleute diese Sprache genauso wenig verstehen wie zum
    Beispiel Türkisch,
Russisch
oder Chinesisch.
Gesungen klingt die deutsche Sprache besonders gut dichterisch.
Weil es nur unvollständige Reimlexika und mit einer Ausnahme auch nur für reine Reime
    gibt, wird jeder Songtextschreiber bei dem Versuch, deutsch zu reimen, meistens
    erfolglos grüblerisch.

Auch wenn die Frauen auf ihre Emanzipation in der Sprache bestehen,
ist auch die weibliche Form meistens nicht nötig, weil man mit der männlichen Form auch
    allgemein vom Menschen kann ausgehen.

Alle unreinen Reime müssen den Songtextschreibern spontan einfallen,
weil es kein Reimlexikon mit unreinen Reimen gibt, das man sich nicht kann krallen.

Die Interpreten und Gruppen könnten noch viel mehr Songs auf deutsch singen,
die auch gut würden klingen,
wenn sie nicht mehr nur auf spontane Einfälle angewiesen wären, weil jemand ein
    möglichst allumfassendes Reimlexikon, das auch Übersichten für unreine Reime und
    gute Assonanzen enthält, wollte herausbringen.

5 Die Moderne

Vor 100 Jahren zur Zeit des Expressionismus (1910–1925; Der Expressionismus verstand sich als Ausdruckskunst im Gegensatz zur Eindruckskunst des Impressionismus (1890–1910). Nicht mehr die Wiedergabe des subjektiven Eindrucks äußerer Erscheinungen, sondern die oft ekstatische Darstellung von Gedanken und Gefühlen stand jetzt im Mittelpunkt.) endete mit der Verbreitung der Freien Verse, was als der Beginn der aktuellen Moderne in der Dichtkunst angesehen werden kann, endgültig die Reimpflicht.
Einige Songtextschreiber hindert das am Reimen allerdings nicht.

Manche Kennzeichnungen als Reim kann manch einer, der sich zum ersten Mal mit Reimen auseinandersetzt (seit der 24. Auflage vom DUDEN-Band 1 „Die deutsche Rechtschreibung" wird auch „auseinandersetzen" wieder zusammengeschrieben) oder der zu den Dichterinnen und Dichtern gehört, die die Meinung vertreten, dass nur in der althochdeutschen und frühmittelhochdeutschen Dichtung oft ungefähre Klangübereinstimmungen genügten, wie zum Beispiel Assonanzen und Endsilbenreime – im Gegensaz zu den Stammsilbenreimen, deren Merkmal die klangliche Übereinstimmung vom letzten betonten Vokal an ist –, dass seit der Blütezeit der höfischen Dichtung strengere Anforderungen an die Reinheit des Reims gestellt werden (vergleiche im „Lexikon lyrischer Formen" die Stichwörter **Unreiner Reim** (im Deutschen Universalwörterbuch steht, dass ein Stichwort ein Wort oder eine Bemerkung, die eine bestimmte Reaktion auslöst, ist)), sodass wir viele unreine Reimmöglichkeiten, Assonanzen, Konsonanzen, Endsilbenreime usw. wenn überhaupt, dann nur während des Lyrik-, Germanistik- oder Philologiestudiums im Geschichtsunterricht kennenlernen (seit der 24. Auflage vom DUDEN-Band 1 soll auch „kennenlernen" wieder zusammengeschrieben werden), aber praktisch nicht verwenden dürfen, bei meinen abgetippten Songtexten wahrscheinlich nicht verstehen.
Aber genau das ist der Sinn dieser abgetippten Songtexte, nämlich, wie schwer das Reimen heute ist, weshalb seit Mitte des 20. Jahrhunderts die Freien Verse überwiegen, einmal zu sehen.

Ein Problem der gut sein wollenden Dichter(innen) am Anfang des 20. Jahrhunderts war, dass sie nach Reimwörtern und Sätzen suchten, die man nicht schon vielfach fand in jeder Bibliothek.
Für einige war das Lautgedicht (Dada-Bewegung ab 1916; Eines der ersten Lautgedichte des Mitbegründers Hugo Ball findest du bei Wikipedia im Artikel „Gadji beri bimba". Weitere Beispiele stehen im Artikel „Lautpoesie" und im Buch „Produktiver Umgang mit Lyrik" im Kapitel „4. Lyrische Klangformen".) der Ausweg.

Hugo Ball gehörte zu den Dada-Meistern.
Am 20. Oktober 1981 erschien die erste LP von Trio – und mit dem Titel „Da da da ich
lieb dich nicht du liebst mich nicht aha aha aha" konnten sie die Massen begeistern.

»Seit dem Expressionismus gibt es keine Norm mehr in der Lyrik, die man verletzen
könnte, um zu schockieren oder auf neue Erfahrungen aufmerksam zu machen.
Er hat alle Normen zerbrochen und damit eine völlig neue Situation geschaffen.«
(Buch „Geschichte der deutschen Lyrik", Seite 437)

Im Buch „Neue Versschule" steht auf der Seite 160:
»Rühmkorf berichtet als „Reimartist" aus seiner Werkstatt, dass er sich „einige
sechs- oder siebentausend Paarungskandidaten" als „Reimpotentiale" zurechtgelegt
habe, die unverbraucht sind wie z. B. „Dom" – „Wirbelstrom", „Vergegenwärtigung"
– „geht in die Fertigung" ... (S. 125). So könnten ein „individuelles Reimprofil" und
„Energiepotentiale" entstehen. Und dabei gelingt dem „größten lebenden Vers-
Virtuosen Deutschlands" (Enzensberger über Rühmkorf) z.B. ein bekanntlich bisher
als unauffindbar geltender Reim auf „Menschen":
Die schönsten Verse des Menschen
(nun finden Sie mal einen Reim!)
sind die Gottfried Bennschen:
Hirn – lernäischer Leim.
Dem seit Langem beklagten Verschleißproblem der uralten Anklangkünste und
den Banalitäten der Konventionalreimer stellen sich die Reimfahnder und -finder
Peter Rühmkorf wie auch Robert Gernhardt und Wolf Biermann entgegen als
„Reimartisten", unter Berufung auf „unser aller Ahnherrn Heinrich Heine" (S. 135).
Ja, man fahndet, wenn möglich, nach dem ausgefallenen „Sensationsreim", wie ihn
z.B. Heine fand in „Menschen / abendländschen", „Deutsche / Peitsche". Solch ein
Reim hat, laut Rühmkorf, sozusagen einen „Einmaligkeitsanspruch" und sollte unter
„Patentschutz" stehen.
Der Reim ist in neuerer Zeit etwas für unbefangene und unbedarfte
Schlagertextdichter oder – im Gegenteil – etwas für „aus dem Gleis geratene
Balancevirtuosen" (S. 146).«
Das Problem der Dichter(innen) und Songtextschreiber(innen) ist, dass sie nirgends auf ein
allumfassendes Reinreim- und Unreinreimlexikon stoßen.

Kann man diese abgetippte halbe Seite noch als Zitat ansehen oder wollte ich damit das
Urheberrecht verletzen?
Eigentlich müsste ich mich auch noch mit den Werken von Peter Rühmkorf, Robert
Gernhardt, Wolf Biermann und vielen tausend anderen auseinandersetzen.

Aber stelle dir einmal vor, du musst fünf bis sechs Tage die Woche arbeiten.
Deine Kinder verlangen von dir Zeiten,
zum Beispiel für die Hausarbeiten.
Du musst deine Frau reiten.
Vielleicht bist du ein gesundheitsbewusster Typ und möchtest auch ein bisschen Sport
    treiben.
Wie viel Zeit bleibt dir jetzt noch zum Lesen und Schreiben?

Ein allumfassendes Werk mit wahren, eindeutigen und für jeden klar verständlichen
    Definitionen und einem mehrbändigen Reimlexikon kann keine Privatperson,
    sondern nur eine Firma erstellen,
wenn sie Mitarbeiter(innen), die sich ausschließlich mit diesem Thema beschäftigen, wird
    einstellen.

6   Der DUDEN

Natürlich gab es auch schon vorher Gedichte, bei denen sich die Zeilen
nicht reimen.
Bereits Mitte des 18. Jahrhunderts sollten die ersten von F. G. Klopstock erfundenen
Freien Rhythmen erscheinen.

In einer Sprache bahnt sich immer alles langsam an.
Und erst dann,
wenn es ist weitverbreitet,
werden die allgemeingültigen Regelungen bzw. die Berichte über die aktuelle Moderne
überarbeitet.

Was im DUDEN steht, ist nicht nur eine Rechtschreibregelung.
Es ist auch eine Widerspiegelung
des aktuellen Standes der sprachlichen und schriftlichen Entwicklung.

Auch die seit dem 1. August 2006 verbindliche Neuregelung
der deutschen Rechtschreibung
ist durch die Evolution in der Sprache und Schrift eine notwendige Folgerung.
Zum Beispiel darf jetzt das „e" weggelassen werden bei dieser und jener Verbendung.
(siehe DUDEN-Band 1 „Die deutsche Rechtschreibung", Kasten **K 13**, Stichpunkt **2.**)
Zum Beispiel war in vielen Fällen notwendig eine Neuregelung
der Groß- und Kleinschreibung
oder der Getrennt- und Zusammenschreibung.
Wichtig und erfreulich ist auch, dass es im DUDEN-Band 1 „Die deutsche
Rechtschreibung" seit der 24. Auflage, erschienen im Jahr 2006, im Gegensatz zur
23. Auflage, erschienen im Jahr 2004, zu jedem Fall gibt eine *verständliche*
Festlegung
und Erklärung.
In meinem Tagebuch gibt es zahlreiche Beispiele dafür, wie der DUDEN in der
Bevölkerung
sorgt für Verwirrung.
Leider gibt es im DUDEN-Band 1 „Die deutsche Rechtschreibung", 25. Auflage,
erschienen im Jahr 2009, nicht mehr den abschließenden Abschnitt „Die amtliche
Regelung der deutschen Rechtschreibung".
Weil nur hier im Kapitel **2.2 Auslautverhärtung und Wortausgang *-ig*** die
Einzelthemalektion »**E:** In einigen Sprachlandschaften wird *-ig* mit [k] gesprochen;
dann gilt § 23.« steht, ist diese Weglassung
das Gegenteil von einer Verbesserung.
Den DUDEN-Band 1 und das Deutsche Universalwörterbuch zu einem mehrbändigen
Werk zu verbinden und zu vervollständigen, wäre die Optimierung.

In Zeitungen, Zeitschriften, Büchern und Internetartikeln wird in 99 von 100 Fällen falsch „gebe" anstatt „gäbe" geschrieben.

Das mag daran, dass im DUDEN-Band 1 „Die deutsche Rechtschreibung", 23., 24. und 25. Auflage (wegen dem, was in der 23. Auflage stand, hebe ich die Auflagen zum Vergleichen auf), nur der Querverweis »*vergleiche* gang« hinter dem Stichwort **gäbe** steht, dass im Deutschen Universalwörterbuch hinter dem Stichwort **geben** im Stichpunkt »**15.** *vorhanden sein*« das Wort „gäbe" nicht steht, dass im Deutschen Universalwörterbuch in der Tabelle »Die gebräuchlichsten unregelmäßigen Verben« das Wort „gäbe" und auch alle anderen Wörter in der 1./3. Person Singular Konjunktiv II falsch in der Spalte »2. Stammform (Präteritum)« stehen und dass in der Studienausgabe „Das große Wörterbuch der deutschen Sprache in 10 Bänden" hinter dem Stichwort **geben** im Stichpunkt »**15.** *vorhanden sein*« das falsch geschriebene Zitat »Mindestens 6 000 Arbeitsplätze könnten in Hamburg entstehen, wenn es die Schwarzarbeit nicht gebe. Davon ist die Handwerkskammer ... überzeugt (Hamburger Abendblatt 24. 8. 85, 11)« steht, liegen.

Durch die Internationalisierung, wodurch es von Jahr zu Jahr ein paar tausend Deutsche fremdländischer Herkunft mehr gibt und was auf Dauer die globale Multikultigesellschaft zur Folge hat, wurde es Zeit,

dass man bestimmte Adjektive (die bisher zum Teil von den Verben abgeleitet wurden), Verben und Substantive nicht mehr mit e, sondern nach ihrer Aussprache mit ä schreibt.

Vor der Rechtschreibreform schrieb man „behende, belemmert, einbleuen *(einschärfen)*, Gemse, Greuel, greulich, Quentchen, schneuzen, Stengel, Pflanzenstengel, überschwenglich, verbleuen".

Heute schreibt man „behände, belämmert, einbläuen (*einschärfen;* Die Schreibung mit ä ist nicht zeitgemäß, weil man sie mit Gewalt assoziiert, sie ist aber gerade dadurch metaphorisch besser verständlich.), Gämse, Gräuel, gräulich, Quäntchen, schnäuzen, Stängel, Pflanzenstängel (Dass ein Pflanzenstängel eine kleine Stange ist, ist nicht wahr. Weshalb das Wort mit ä geschrieben werden muss, ist mir deshalb unklar.), überschwänglich, verbläuen".

Nach wie vor soll man mit e schreiben „aufwendig, zeitaufwendig".

Es ist aber nicht falsch, wenn man mit ä schreibt „aufwändig, zeitaufwändig".

Für den DUDEN,
den fragwürdigen Druden:
Im Deutschen Universalwörterbuch steht der Unterstichpunkt »**1. b)** (Sprachwissenschaft)
Gliederung des Sprachablaufs durch Wechsel von langen und kurzen, betonten und unbetonten Silben, durch Pausen und Sprachmelodie: ein strenger, gebundener R.; freie Rhythmen *(frei gestaltete, rhythmisch bewegte Sprache, aber ohne Versschema, Strophe und Reime)*« hinter dem Stichwort **Rhythmus**.
Aber sind das wirklich nur allgemein freie Rhythmen? Oder ist das der Name für eine bestimmte Form der Lyrik, sodass entsprechend dem Band 1 „Die deutsche Rechtschreibung“, Kasten **K 88**, Stichpunkt »**1.** Alle zu einem mehrteiligen Namen gehörenden Adjektive, Partizipien, Pronomen und Zahlwörter schreibt man groß <§ 60>.« „Freie Rhythmen“ großgeschrieben werden muss?
Wenn im Deutschen Universalwörterbuch hinter dem Stichwort **Vers** kleingeschrieben „freier V.“ oder großgeschrieben „Freier V.“ stehen würde, besser wär's.

Mit diesem Reim beginnt in meinem Tagebuch mindestens einhundertmal eine Passage.
Jetzt stellt sich die Frage,
ob nur ich gelegentlich mit dem DUDEN ein Problem habe.

7   Literatur

Es gibt viele Bücher zum Thema Lyrik auch mit einem kurzen Kapitel über das Reimen.
In einem Buch steht dieses.
In einem anderen Buch steht jenes ...
Es gibt spezielle Bücher zum Beispiel über Schüttelreime.
Es gibt von Jochen Buchmann das Buch „Meine Vollmacht wird Sie überraschen ... –
    Homonyme Reime".
Aber es gibt noch kein umfassendes Buch über Reimmöglichkeiten.

Weil es seit Jahrzehnten kaum noch Menschen gibt, die reimen, sondern ganz im Gegenteil
    schon allein der Gedanke an die schwer zu findenden und meist schon bekannten
    Reime jede Dichterin und jeden Dichter verschreckt,
man heute kein spezielles Buch über das Reimen entdeckt.

In der Kleinen deutschen Versschule steht auf der Seite 98: »3. SCHÜTTELREIM. Die
    Aufzählung der Reimarten wäre unvollständig, gedächten wir nicht auch der
    fröhlichen Kunst des Schüttelreims.«
Mit seinen 19 Seiten zum Thema Reime ist dieses Büchlein so kompakt wie sonst keins.

Im Buch „Produktiver Umgang mit Lyrik" steht auf der Seite 106: »Noch weniger
    auffällig ist eine Bildung, bei der die Reimfügung aus Wörtern mit zwar gleichem
    Klang, aber verschiedener Bedeutung besteht („Feld – fällt"); wir sprechen dann von
    äquivokem Reim.«
Also für mich ist das ein homophoner Reim
und gleichzeitig ein reiner Reim.

Im Lexikon der Sprachwissenschaft steht hinter dem Stichwort **Äquivokation**:
    »[lateinisch *aequivōcātio* ›gleiche Benennung (für Ungleiches)‹, im Sinne von
    ›mehrdeutig‹. – Auch: → Homonymie, → Polysemie]. Form lexikalischer
    Mehrdeutigkeit bei etymologischer Verwandtschaft, z. B. {die Abkürzung steht nicht
    im Kapitel „Abkürzungen im Text"} *Fuß* (des Menschen/eines Berges), *Gehalt*
    (finanziell/ideell). [...]«
„Feld – fällt" als äquivoken Reim zu bezeichnen, ist nicht professionell.

In Metzlers Lexikon Sprache steht hinter dem Stichwort **Äquivokation**: »[...] Wenn sich
    dieselbe Merkmalsopposition in einer größeren Gruppe lexikal. {die Abkürzung steht
    nicht im Kapitel „Abkürzungen"} Einheiten findet, spricht man von systemat. {steht
    auch nicht im Kapitel „Abkürzungen} Ä., zum Beispiel bei der Vorgang-/Resultat-
    Bisemie bei vielen ↗ verba actionis [...]«
Warum gibt es in Metzlers Lexikon Sprache nicht die Stichwörter **verba actionis**?
Querverweise ins Nirgendwohin sind ein Ärgernis,
weil sie den Leser lassen in Unkenntnis.

40

Im Buch „Songtexte schreiben" steht auf der Seite 94:
>>Falsche Reime (auch: Assonanz, Halbreim)
Hier stimmen nur noch die Grundvokale ungefähr überein
ertrunken – verstummten
Möglichkeiten – einheizen
spüren – fühlen<<.
Warum bemerken Songtextschreiber die Endung -en nicht, sodass ihnen nicht auffällt,
dass auch einfache, zweifache und dreifache Konsonantenwechsel nach dem betonten
Vokal prächtig können blühen?

Im Buch „Songtexte schreiben" steht auf der Seite 96:
>>Assonanzen, Halbreime oder unvollständige Reime
Hierbei reimen sich in mehrsilbigen Worten zwar die Vokale der betonten Silben,
aber die folgenden unbetonten nicht
laben – klagen
Frieden – lieben
Kuchen – gerufen<<.
Warum akzeptieren Songtextschreiber die unbetonte Endung -en nicht als einen Teil des
Reimes, sodass viele einen Konsonantenwechsel nach dem betonten Vokal
wahrscheinlich gar nicht erst versuchen?

In der DUDEN Abiturhilfe „Gedichte analysieren" stehen im Kapitel **2.3 Reime und
andere Klangelemente** für **unreine Reime** die beiden Beispiele >>Gassen/Straßen,
Gemüt/Lied<<.
Würde es hier mehr Beispiele geben zu diesem umfangreichen Gebiet,
gäbe es an Beispielen ein unübersehbares Gedrängel.
Im ersten Beispiel haben wir den gleichen betonten Vokal, der aber anders ausgesprochen
wird, und infolge der anderen Aussprache einen Konsonantenwechsel.
Im zweiten Beispiel haben wir unterschiedliche betonte Vokale, die ähnlich klingen, und
einen gleich klingenden Konsonantenwechsel.

Rein reimen sich Wörter nur ab dem letzten betonten Vokal.
Unbetonte Vokale reimen sich nicht untereinander, sondern ein unbetonter Vokal
reimt sich nur mit einem betonten Vokal.
Aber es war nicht immer so, dass Poeten nur vom letzten betonten Vokal ausgingen.
Im derzeit größten Reimlexikon von Günter Pössiger gibt es keine Reimgruppe – **ig (i-ch)**
und in der Reimgruppe – **ig (ik)** steht nur das Wort >>Gig<< und stehen fünf
Querverweise mit einem Konsonantentausch, wobei die anderen Konsonanten
genauso klingen.
Im Allgemeinen Deutschen Reimlexikon (das größte deutsche Reimlexikon aller Zeiten),
herausgegeben von Peregrinus Syntax im Jahr 1826, umfasst die Reimgruppe **ig** zwei
dreispaltige Seiten und hier stehen u. a. die Wörter >>adelig, hochadelig, tadelig,

untadelig«.
Im Reimlexikon von Günter Pössiger stehen in der Reimgruppe – **ad(e)lig (a:d(e)li-ch)** nur
der Querverweis »→ – ich (i-ch)« und die Wörter »ad(e)lig, untad(e)lig«.
Im Allgemeinen Deutschen Reimlexikon stehen in der Reimgruppe **ig** zum Beispiel die
Wörter »äderig, blauäderig, großäderig, vielräderig«.
Im Reimlexikon von Günter Pössiger stehen in der Reimgruppe – **äd(e)rig (ä:d(e)ri-ch)**
nur der Querverweis »→ – ich (i-ch)« und die Wörter »äd(e)rig, feinäd(e)rig,
dreiräd(e)rig, vierräd(e)rig, zweiräd(e)rig«.
Im Allgemeinen Deutschen Reimlexikon stehen in der Reimgruppe **ig** zum Beispiel die
Wörter »faserig, feinfaserig, grobfaserig, maserig«.
Im Reimlexikon von Günter Pössiger stehen in der Reimgruppe – **aserig (a:seri-ch)** nur
der Querverweis »→ – ich (i-ch)« und die Wörter »faserig, maserig«.

Leider sind viele Wörter im Allgemeinen Deutschen Reimlexikon veraltet,
sodass sich die Suche nach guten Reimwörtern hier nervlich gestaltet.

Im Buch „Mittelhochdeutsche Minnereden und Minneallegorien der Wiener Handschrift
2796 und der Heidelberger Handschrift Pal. germ. 348, 11. Band: ‚Der Liebende und
die Burg der Ehre' Wörterbuch und Reimwörterbuch" von Michael Mareiner steht
auf der Seite 345 im **§ 3 a / o**: »**ar / or**, en-bor / rôsenblatge-var 32,1«.
Im 10. Band mit dem selben Titel und vom selben Herausgeber – der Band 11 ist das
dazugehörige Wörterbuch und Reimwörterbuch – steht auf der Seite 206 im
Beispiel 32:
»Darnauch stett wol enpar
ain tor schon ußgewelbet,
rosenblatgefar;
erhaben ist der rant unnd niht gefelbet.«
Warum steht im Band 11: »en-bor / rôsenblatge-var«,
aber im Band 10: »enpar / rosenblatgefar«?
Die Reimmöglichkeit „ar / or" ist damit unklar!

Nur weil es vor ungefähr einem Jahrtausend vielleicht irgend jemand mal geschrieben hat,
muss das noch lange nicht heißen, dass sich auch heute noch -ar
reimt auf -or.

Wenn du mehr über die Geschichte der deutschen Dichtung – übrigens machte der
   Buchdruck mit seinen hohen Auflagen die erzählerische Dichtung (Romane) zur
   Literatur –,
   mehr über Gedichtformen und Gedichtinhalte (z. B. Ode, Lied, Minnelied,
   Kirchenlied, Volkslied, Hymne, Idylle, Epos, Elegie, Madrigal, Ballade, Kunstballade,
   Volksballade, Kanzone, Meistersang, Trobadordichtung, Kunstdichtung,
   Schäferdichtung, Lehrdichtung, Lobdichtung, Sinndichtung, Briefdichtung,
   Turndichtung, Kriegsdichtung, Zeitdichtung, Huldigungslyrik, Naturlyrik,
   Erlebnislyrik, Rollenlyrik, Gefühlslyrik, Stimmungslyrik, Lyrik des Dritten Reichs,
   Exillyrik, politische Spruchlyrik, Echogedicht, Erzählgedicht, Bildgedicht, Irrgedicht,
   Klinggedicht, Klanggedicht, Sprechgedicht),
   mehr über Versformen (z. B. Monometer, Dimeter, Trimeter, Tetrameter, Pentameter,
   Hexameter, leoninischer Vers, jambischer Vers, trochäischer Vers, anapästischer Vers,
   daktylischer Vers, Knittelvers, Spaltvers, Blankvers, Flickvers, Alexandriner,
   Endecasillabo, Cauda),
   etwas über das extremste Experiment mit Sprache als Material, die Konkrete Poesie,
   etwas über die Sprachmagie des reimlosen lyrischen Sprechens, die ›Sinn‹-Erzeugung
   in der Ausdrucksdimension, die Entpragmatisierung und Entautomatisierung der
   Sprache, ihre Emanzipation von zivilisatorisch-instrumentellen
   Verwendungszusammenhängen möchtest wissen,
wirst du die Bücher „Daten deutscher Dichtung“, „Geschichte der deutschen Lyrik“,
   „Neue Versschule“, „Arbeitsbuch Lyrikanalyse“, „Lexikon lyrischer Formen“ usw.
   einschließlich der Bücher, die du in den Literaturverzeichnissen findest, lesen müssen.

Für den DUDEN,
den fragwürdigen Druden:
Im Deutschen Universalwörterbuch steht hinter dem Stichwort **konkret** u. a.: »-e Literatur,
   Poesie *(Richtung der modernen Literatur, die versucht, mit sprachlichen Mitteln,
   losgelöst von syntaktischen Zusammenhängen, rein visuell oder akustisch eine
   Aussage zu gestalten)*«.
Warum muss der DUDEN der Großschreibung „Konkrete Poesie“ in den Fachbüchern die
   Kleinschreibung „konkrete Poesie“ entgegenhalten?

B   Reimmöglichkeiten

1   Klassifizierung von Reimen nach der Silbenzahl (Kadenz, Reimkadenz)

1.1 einsilbig (männlich, stumpf)

›Lehrmod<u>ell</u> / experiment<u>ell</u>‹

1.2 zweisilbig (weiblich, klingend)

›<u>Satt</u>el / <u>Papp</u>el‹

Ist die Endsilbe betont, ist es ein männlicher Reim.
Ist die Endsilbe unbetont, ist es ein weiblicher Reim.
Bei zwei unbetonten Endsilben ist es ein reicher Reim.

1.3 dreisilbig (gleitend, reich)

›Gegens<u>ätzlichkeit</u> / Verl<u>etzlichkeit</u>‹

1.4 vielsilbig (erweitert, Combo-Reim)

»Ich bin einer von denen, die es mit <u>guten Reimen ernst meinen</u>
wie Juweliere mit <u>lupenreinen Bernsteinen</u>.«

Ein leichter Reim ist ›experimentell‹
und ›Sattel‹,
weil das eine Wort ab dem Reimvokal ist einsilbig
und das andere Wort ab dem Reimvokal ist zweisilbig,
sodass sich ein betonter Vokal
reimt auf einen unbetonten Vokal.

2 Klassifizierung von Reimen nach der Stellung im Vers (Reimwortlage)

2.1 Endreim (Silbenreim)

Der Endreim ist als Gleichlaut (Phonemübereinstimmung) vom letzten betonten Vokal
  an definiert.
Dabei wird in der Regel Ungleichheit des/der diesem Vokal vorausgehenden
  Konsonanten postuliert.

Im Gegensatz zum Anfangs- und zum Binnenreim steht beim Endreim am Versende
jede Reimkomponente.

Die Bezeichnung des Endreims als Silbenreim im Gegensatz zum Lautreim seiner
  deutlicheren terminologischen Unterscheidung von der Alliteration dient,
die nicht auf Silben, sondern auf einzelnen Lauten basiert.

»Merkwürdiger Empfang

Das Ka-mel-det: Er ist da!
Die Schwal-be-grüßt mich mit: Hallo!
Der Kabel-jau-chzt: Hurra!
Und der U-hu-stet auf dem Klo.

Der Ele-fant-asiert im Traum.
Die Natt-er-zählt mir ein Gedicht.
Der Kaka-du-ftet heute kaum.
Und auch die Giraf-fe-hlt heut nicht.

Das Kängu-ru-ht in meinem Arm.
Der Papa-gei-stert durch die Nacht.
Ihm ist kalt. Und mir wird warm –
... und dann bin ich aufgewacht.«
(Manfred Schlüter, Buch „Reime-Eimer")

2.2 Anfangsreim

Von einem Anfangsreim spricht man,
stehen die Reimwörter am Versanfang.

>   »<u>Zeilen</u>, die sich hinten reimen,
>   <u>nennt</u> man darum ein Gedicht.
>   <u>Feilen</u> muss man da nicht lange.
>   <u>Kennt</u> man eine andre Form?«
>   (Michael Schöne)

Im Buch „Neue Versschule" steht auf der Seite 171: »So gibt es den *Anfangsreim* (den
        Stabreim) und den *Endreim*.«
Aber der Stabreim ist gar kein Anfangsreim,
sondern wird bezeichnet auch als Anreim.

2.3 Binnenreim

Die Gesetzmäßigkeiten des Endreims lassen sich auch auf die horizontale Gliederung
        des Verses übertragen,
so dass wir dann folgende Versform haben:

>   Im <u>Wald</u> wird es <u>kalt</u>, wenn die Nacht anbricht.
>   Überrascht wirst du nicht,
>   wenn <u>wahr</u> <u>war</u> der Wetterbericht.

2.4 Schlagreim (ein Spezialfall des Binnenreims)

Du kannst auch zwei sich reimende Wörter verwenden,
um eine Verszeile zu beenden.

Die Reimwörter folgen unmittelbar aufeinander,
wodurch das Gedicht wird noch amüsanter.

>   Ich möchte nicht durch den <u>Regen</u> <u>gehen</u>.
>   Das ist <u>doppelt</u> <u>gemoppelt</u>.

>   Weil es keine Frau gibt,
>   die mich liebt,
>   muss ich jetzt wieder <u>Wichsvorlagen</u> <u>aufschlagen</u>.

„Der Zahnarzt gab mir eine Ausstechform in Form eines Zahnes, damit ich über die
      Feiertage, wenn ich bekomme Zahnstechen,
den alten Zahn kann ausbrechen
und mir einen neuen Zahn kann ausstechen.
Ich sagte: ‚Das ist ja riesig. Jetzt brauche ich ja keine Angst mehr vor den
      Feiertagen haben.‘ “ (Schlagreim, Assonanz)
(Testament 2000 Band 16, Tagebuchseite MMMMMXIII)

»Sein Blick ist vom Vorübergehn der Stäbe
so müd geworden, daß ihn nichts mehr hält.
Ihm ist, als ob es tausend Stäbe gäbe
und hinter tausend Stäben keine Welt.«
(Rilke, „Der Panther“)

»Die kleinen, grünen Männchen aus dem All,
sie kamen an mit Überschallknall.«
(Udo Lindenberg, Titel „Der blaue Planet“)

Die Reimwörter müssen nicht am Ende des Verses stehen.
In folgendem Beispiel kann man sie am Anfang des Verses sehen.

»Quellende, schwellende Nacht«
(Chr. F. Hebbel, „Nachtlied“)

2.5 Echoreim (Echogedicht, Echolied)
a)   Der Echoreim ist ein Spezialfall vom Schlagreim,
das gekennzeichnet ist durch das auf witzig-verblüffende oder belehrende Weise
      Frage-Antwort-Zusammensein.

»Ach, was bleibt mir nun noch offen? Hoffen!«

Der Echoreim ist i. d. R. Teil von einem Echogedicht bzw. Echolied.
Weil das ein Rollenspiel ist, man sich am besten einmal ein Bühnenstück ansieht.

b) Bei unregelmäßig wiederkehrenden Endreimen in einem Gedicht
man ebenfalls von einem Echoreim spricht.

>>**Geliebtes Meer**

Ich höre Meeresrauschen
Und läge so gerne
Mit dir am <u>Strand</u>
Muschelküsse im warmen <u>Sand</u>

Aus feuchtem Wasser
Wird hitziges <u>Land</u>
Mein Herz klopft
Unter deiner <u>Hand</u><<
(Mia Florentine Weiss, Buch „Wo fängst du an wo hör ich auf")

2.6 Mittelreim (ein Spezialfall des Binnenreims)

Man will von einem Mittelreim reden,
wenn die Reimwörter im Inneren von zwei aufeinanderfolgenden Versen stehen.

>>**[høːlə]**
Ich <u>höhle</u> sie schon aus. Seit wir uns trafen,
will ich in meiner <u>Höhle</u> mit dir schlafen.<<
(Jochen Buchmann, Buch „Meine Vollmacht wird Sie überraschen ...")

2.7 Mittenreim (ein Spezialfall des Binnenreims)

Beim Mittenreim steht die Reimkomponente
bei einem Vers (vorausgehenden oder nachfolgenden) im Inneren und beim anderen Vers
am Ende.

>>Sei allem Abschied voran, als wäre er <u>hinter</u>
dir, wie der <u>Winter</u>, der eben geht.<<
(Rilke, in „Die Sonette an Orpheus")

>>**[hɛŋst]**
Du <u>hängst</u> herum und weißt es längst:
Du wirst nie wieder so ein <u>Hengst</u>.<<
(Jochen Buchmann, Buch „Meine Vollmacht wird Sie überraschen ...")

48

2.8 Übergehender Reim (ein Spezialfall des Binnenreims)
Von einem übergehenden Reim spricht man,
wenn das Reimwort im ersten Vers am Ende steht und im zweiten Vers am Anfang.
Ein Beispiel man unter dem Stichpunkt **3.3.5 Anadiplose** sehen kann.

Im Lexikon lyrischer Formen stehen die Stichwörter mit dem Querverweis:
»**Übergehender Reim** = → überschlagender Reim.«

2.9 Inreim (Innenreim; ein Spezialfall des Binnenreims)
Beim Inreim steht die Reimkomponente
beim selben Vers sowohl im Inneren als auch am Ende.

»Lieb und Leid im leichten Leben
Sich erheben, abwärts schweben;
Alles will das Herz umfangen,
Nur verlangen, nie erlangen.

In dem Spiegel all ihr Bilder,
Blicket milder, blicket wilder,
Kann doch Jugend nichts versäumen,
Fort zu träumen, fort zu schäumen.«
(Brentano, „Frühes Liedchen“)

2.10 Überschlagender Reim
a) Beim überschlagenden Reim steht die Reimkomponente
beim selben Vers sowohl am Anfang als auch am Ende.
(Wikipedia, Artikel **Reim**)

›Geld regiert die Welt.‹
›Probieren geht über studieren.‹
›Narrenhände beschmieren Tische und Wände.‹

»Dann pfeif ich eins, verschwinde und vergehe irgendwann,
ich hatte eine schöne Zeit und einen hübschen Mann.«

b) Von den beiden unmittelbar aufeinanderfolgenden Reimwörtern steht das erste am
Versende, das zweite am Anfang des nächsten Verses, so daß eine Sonderform
des Schlagreims ist der überschlagende Reim.
Auch den Kreuzreim bezeichnet man als überschlagenden Reim.
(Lexikon lyrischer Formen)
Steht das erste Reimwort am Versende und das zweite Reimwort am Anfang des
nächsten Verses, wird das bei Wikipedia bezeichnet als übergehender Reim.

»Marienpreis

Mensch wilt du volgen meiner *ler*,
ker dich von arger *tat*,
rat ich dir hie mit *trew*,
rew hab uber dein *schuld*;
huld macht du dort erlangen *wol*.
(…)«
(J. Schiller)

Darf man sich einfach einen Vornamen für das Initial aussuchen oder hätten hier alle
Initialen stehen müssen in der Form: (J. C. F. von Schiller)?
Im Buch „Der Brockhaus – in einem Band" steht sogar nur »Friedrich von Schiller«.

2.11 Zäsurreim (Halbversreim)

Die Zäsur ist im Sprechfluss des Verses ein syntaktisch bedingter Einschnitt.
Reimen sich in zwei Versen die Wörter jeweils vor der Zäsur oder reimt sich im selben
Vers das Wort vor der Zäsur mit dem letzten Wort, liegt ein Zäsurreim vor damit.

Die Zäsur muss nicht immer auf einem Komma liegen.
Ich kann sie nach Belieben platzieren. (Schlagreim, Assonanz)

Sowohl ein Inreim als auch ein Mittelreim
kann ein Zäsurreim sein.
Um die Zuhörer am Einschlafen zu hindern, kommen Zäsuren oft nicht dort, wo man sie
erwartet, in ein Gedicht hinein.

»Wir hatten <u>gebauet</u> ein stattliches Haus
Und darin auf Gott <u>vertrauet</u>, trotz Wetter, Sturm und Graus.

Wir lebten so <u>traulich</u>, so einig, so frei,
Den Schlechten ward es <u>graulich</u>, wir hielten gar zu treu!

Sie lugten, sie <u>suchten</u> nach Trug und Verrat,
Verleumdeten, <u>verfluchten</u> die junge grüne Saat.«
(August von Binzer, „Burschenschaftslied")

50

2.12 Pausenreim

a) Fügt man in einen übergehenden Reim ein eine Waise,
entsteht ein Pausenreim auf diese Weise.
(Wikipedia, Artikel **Reim**)

»Sieh jene Kraniche in großem <u>Bogen</u>!
Die Wolken, welche ihnen beigegeben
<u>Zogen</u> mit ihnen schon, als sie entflogen.«
(Bertolt Brecht, „Aufstieg und Fall der Stadt Mahagonny")

b) Jeweils das erste und das letzte Wort einer Verszeile, eines Verspaares oder einer
Strophe reimt beim Pausenreim.
(Lexikon lyrischer Formen)
Reimt das erste und das letzte Wort einer Verszeile, wird das bei Wikipedia
bezeichnet als überschlagender Reim.

»<u>Wol</u> vierzec jâr hab ich gesungen oder mê
von minnen und als iemen <u>sol</u>.
(…)
<u>nû</u> bin ich alt und hâst mit mir dîu gampelspil:
und zürn ich daz, sô lachest <u>dû</u>.«
(Walther v. d. Vogelweide)

3   Klassifizierung von Reimen nach ihrer phonologischen Struktur

3.1 Reiner Reim (Vollreim)
In einem Reimlexikon siehst du nichts anderes als das, was infrage kommt für einen reinen
  Reim.
Auch in dieser Beziehung könnte jedes Reimlexikon noch viel umfangreicher sein.
Aber dann wäre es so teuer, dass es in einem Lager führen würde ein ungekauftes Dasein.
Bei einem reinen Reim stimmt die hörbare Lautfolge der Reimsilben genau überein.

Der reine Reim wird auch bezeichnet als Vollreim,
Unreiner Reim und Assonanz bilden das große Feld Halbreim.

›gehen ['geːən] / sehen ['zeːən]‹

›Bäuche ['bɔyçə] / Seuche ['zɔyçə]‹
›da [dɑː] / nah [nɑː] / war [vɑːɐ̯]‹
›Equalizer ['iːkvəlaɪ̯zɐ] / leiser ['laɪ̯zɐ]‹
›Hände ['hɛndə] / Wende ['vɛndə]‹
›Leute ['lɔytə] / läute ['lɔytə]‹
›Rheuma ['rɔymɑ] / Träumer ['trɔymɐ]‹
›Wirt [vɪrt] / wird [vɪrt]‹

»Alleine bin ich stark. Aber auf die Dauer ['daʊ̯ɐ] –
zusammen mit den andern – bekomme ich noch viel mehr Power ['paʊ̯ɐ].«
(Udo Lindenberg, Titel „Panik-Panther“)

»Ich heb mein Glas und trink auf dich.
Da oben hinter den Sternen, ich vergess dich nich.«
(Udo Lindenberg, Titel „Stark wie Zwei“)

Das Wort ›nich‹ gibt es im Neuhochdeutschen nicht.
Aber auch Bauern- und Stammtischwitze wurden bereits mit diesem Wort veröffentlicht.
Gibt es ein Wort nicht,
gehört es in die Rubrik „Verzicht“.

»Sie ist so fromm und dennoch ungehemmt ['ʊngəhɛmt],
so wie ihr prall gefülltes Miederhemd ['miːdɐhɛmt].«
(Kiz, Titel „Die Sennerin vom Königssee“)

»Mach mir doch kein Knutschfleck,
alles, nur kein Knutschfleck.
Son Fleck hat nur den einen Zweck [ˈʦvɛk]:
Der Knutschfleck bleibt und du bist weg [vɛk].«
(IXI, Titel „Der Knutschfleck")

»Und draußen vor der großen Stadt [ʃtat]
stehen die Nutten sich die Füße platt [plat].«
(Spider Murphy Gang, Titel „Skandal im Sperrbezirk")

›Langer Schnee im März [mɛrʦ]
bricht dem Korn das Herz [hɛrʦ].‹

›Setzt man die Kartoffel im April,
so kommt sie, wann sie will.
Setzt man sie im Mai [maɪ],
so kommt sie glei' [glaɪ].‹

»Wenn ich die See seh, brauch ich das Meer nicht mehr.«
(Dokureihe „Landschaften des Nordens", D 2007, Teil „Stille Wildnis – Leben an den
Ufern der Peene")

Folgende Reime
sind nicht wirklich reine.
Auch Wörter, bei denen sich nur die unbetonten Endsilben reimen, findet man im
     Reimlexikon.
Dort findet man sogar nicht wenige davon.

›Heidi [ˈhaɪdi] / Nancy [ˈnɛnsi]‹
›lediglich [ˈleːdɪklɪç] / ärgerlich [ˈɛrgelɪç]‹
›Bildung [ˈbɪldʊŋ] / Leistung [ˈlaɪstʊŋ]‹

3.2 Rührender Reim (gleicher Reim)

Vor den Reimvokal wird hier gespannt
der selbe Konsonant.

    Bei deinem Anblick entsteht eine Glut
    in meinem Blut.

Auch eine gleiche oder gleich klingende, evtl. zur normalen Silbe mit dem Reimvokal
    gehörende Konsonantenverbindung
ist möglich für diese Reimgewinnung.

    Wie kommt denn diese Stu|te
    in meine Stu|be?

Die Reimsilben
stimmen oft nicht überein mit den gewöhnlichen Silben.
In diesem Beispiel ist ›st‹ die Konsonanz und ›ute/ube‹ sind die Reimsilben.

Bei Wikipedia steht im Artikel **Reim** unter den Stichwörtern **Rührender Reim**:
    »Gleichklang auch der Konsonanten vor der betonten Reimsilbe bei zwei
    bedeutungsverschiedenen Wörtern im Endreim. Oder: Ein rührender Reim liegt bei
    phonetisch gleichlautenden, aber bedeutungsverschiedenen Wörtern vor.«
Aber wenn rührender Reim, homophoner Reim, homonymer Reim und polysemer Reim
    das Gleiche ist, wo bleibt da der Humor?

Im Brockhaus steht im Artikel **rührender Reim**: »Gleichklang (Reim) von identischen
    Wörtern (ist/ist; identischer Reim) oder Homonymen (ist/isst); war im Mittelalter
    Stilprinzip, gilt heute als Formfehler.«
Weil nicht nur die Erklärung, sondern auch das Beispiel für Homonyme falsch ist, ist der
    Brockhaus wahrlich kein guter Lehrer.

54

In der Neuen Versschule steht auf der Seite 19: »**5.4.3** <u>Der rührende Reim</u>: Phonetisch
völlig gleich klingende, aber bedeutungsverschiedene Wörter reimen. Das gilt im
Deutschen aber als fehlerhaft.
      <u>**Wirt**</u> : <u>**wird**</u>; <u>**Leute**</u> : <u>**läute**</u>«
und auf der Seite 168: »Der dem identischen sehr nahe verwandte **rührende Reim**
verbindet zwei gleichlautende Wörter nicht gleicher Bedeutung. Ein Gedicht
Eichendorffs beginnt:
    Ich hör ein Bächlein <u>rauschen</u>
    Im Walde her und hin,
    Im Walde in dem <u>Rauschen</u>,
    Ich weiß nicht, wo ich bin.«
Leider steht der reine Reim in diesem Büchlein nicht drin.
Weil ›rau|schen/Rau|schen‹ keine Homophonie ist, gehört Eichendorffs Gedicht hier
tatsächlich hin.

3.3 Identischer Reim (Wortwiederholung)
Der identische Reim reimt das selbe Wort.
Die meisten Dichter(innen) sind der Auffassung, dass man die Idee an einen identischen
Reim immer sofort werfen sollte über Bord.
Aber ich bin der Meinung, dass ein Homonym, ein Polysem und ein Homoform zu den
guten Reimen gehört.

Meiner Meinung nach ist das selbe Wort mit der selben Bedeutung am Zeilenende eine
Wiederholung
und keine Reimung.
In Ausnahmefällen – z. B. bei einer Aufzählung, Rechnungsliste, Jahresliste, Statistik,
einem Vergleich (wenn es nicht anders geht) – muss möglich sein aber auch diese
Nutzung.
Zweimal oder mehrmals das selbe Wort am Zeilenanfang oder innerhalb einer Zeile durch
ein Komma getrennt hat eine nachdrückliche Wirkung.

Viele einflussreiche Dichter(innen) waren und sind der Meinung, dass ein Wort und das
selbe Wort mit einer Vorsilbe oder das selbe Wort mit unterschiedlichen Vorsilben,
was hier und da als erweitertes Wort (mit der Bedeutung „das selbe Wort“)
bezeichnet wird, sind ein identischer Reim.
Warum dürfen Meinungen in der Demokratie der Marktwirtschaft sein?
Ich bin der Meinung, dass ein Wort und das selbe Wort mit einer Vorsilbe, Wörter mit
unterschiedlichen Vorsilben und zusammengesetzte Wörter mit dem selben Wort am
Ende bilden einen reinen und damit einen guten Reim.

    ›abgelöst / erlöst‹

So sah sie aus geschminkt.
So sieht sie aus ungeschminkt.

Das ist des Kassenbons Vorderseite.
Das ist des Kassenbons Rückseite.

„Eben habe ich meinen Bruder noch einmal angerufen und nach dem Piepton
    gewartet.
Nach wenigen Sekunden hat mich noch ein Piepton und dann das Freizeichen
    erwartet.“
(Testament 2000, Band 16, Seite MMMMMXVI)

»Ich bin weg.
Weg, weg, weg, für immer bin ich weg.«
(Silbermond, Titel „Weg für immer“)

Ändert sich bei einer Substantivierung
nur die Groß- und Kleinschreibung,
ist auch das ein identischer Reim und gehört in die Rubrik „Vermeidung“.

›rauschen / das Rauschen‹

3.3.1 Epiphora (Epipher)
Wiederholt sich das selbe Wort oder die selbe Wortgruppe am Ende von zwei Einheiten
    oder am Ende von Einheiten immer,
spricht man von einer Epipher.

Die Epiphora ist ein Spezialzweiglein
vom Endreim.

Irgend wann werde ich einsam sterben, weil ich nicht weiß, wie man Frauen anmacht.
Anmachsprüche nutzen nur den Männern etwas, die wissen, wie Mann Frauen
    anmacht.
Es ist nicht damit getan, dass die Frau einmal lacht.

3.3.2 Anapher

Beginnt mit dem selben Wort jede Einheit der Verfasser,
spricht man von einer Anapher.

Die Anapher ist ein Spezialzweiglein
vom Anfangsreim.

> <u>Wunderschöne</u>, stolze Ladys begegnen mir jeden Tag.
> <u>Wunderschöne</u>, ausgedruckte Babys ich im Ordner hab.
>
> <u>Warum</u> bin ich so dumm?
> <u>Warum</u> ist die Banane krumm?
> <u>Warum</u> habe ich keinen Mumm?
> <u>Warum</u> bin ich immer nur stumm?
> <u>Warum</u> war ich auf keinem Gymnasium?
> <u>Warum</u> braucht das Gehirn Magnesium?
> <u>Warum</u> hat die Reimprosa kein Metrum?
> <u>Warum</u> gibt es noch kein Buch, das zeigt das gesamte Reimspektrum?

3.3.3 Epanalepse

Wiederholt man ein Wort oder eine Wortgruppe mit etwas Abstand,
wird das Epanalepse genannt.

> Alle sagen:
> „<u>So dumm</u> kann doch gar kein Mensch sein!"
> Zeit meines Lebens werde ich mich fragen:
> „Warum bin <u>so dumm</u> nur ich allein?"

3.3.4 Symploke (Complexio, *selten:* Completio)

Ein Text lässt sich abrunden,
indem Anapher und Epipher werden verbunden.

> <u>Wer</u> hat auf seine Mutter nicht <u>gehört</u>?
> <u>Wer</u> hat davon noch nicht <u>gehört</u>?
> <u>Wer</u> zu den Dümmsten dieser Welt <u>gehört</u>?

3.3.5 Anadiplose

Wenn ich das selbe Wort oder die selbe Wortgruppe vom Ende einer Einheit (Satz,
   Teilsatz oder Vers) am Anfang der nächsten Einheit wiederhole,
nennt man das Anadiplose.

Die Anadiplose ist ein Spezialzweiglein
vom übergehenden Reim.

   »Das Licht, das mich erleuchtet,
   erleuchtet auch meine Nachbarn.«
   (TV-Krimiserie „Life", USA 2007, Folge 8: „Der habgierige Mann")

3.3.6 Epiploke

Eine mehrfache Anadiplose
wird bezeichnet als Epiploke.

   »Ach war die Frau doch wunderschön, schön war sie und auch rein, rein war sie und
      doch voller Mut, Mut sollt' auch ich ihr sein.«

3.3.7 Epanadiplose

Die Wiederholung des selben Elementes (Wort oder Wortgruppe) am Anfang und am
   Ende einer größeren Einheit (Satz, Absatz, Vers, Strophe),
nennt man Epanadiplose.

Die Epanadiplose ist ein Spezialzweiglein
vom überschlagenden Reim.

   Mut hat er nur in seinen Träumen, im wirklichen Leben ist gleich null sein Mut.

   »Kunst ist, wenn man's nicht kann, denn wenn man's kann, ist's keine Kunst.«
   (Johann Nestroy)

3.3.8 Kyklos (Redditio, Inclusio)

Was in Klein ist der Kyklos,
ist die Epanadiplose in Groß.

Auch der Kyklos ist ein Spezialzweiglein
vom überschlagenden Reim.

>»Unwissender, niederträchtiger Kerl! hast du es mir nicht oft genug gesagt, daß ich
>mich aus dem Staube fortmachen soll? Kannst du dir denn aber nicht einbilden, daß
>die, welche im Kabinette hat sein dürfen, auch Erlaubnis haben werde, in der Stube
>zu sein? Unwissender, niederträchtiger Kerl!«
>(Lessing)

3.3.9 Geminatio

Geminatio ist die Wortverdopplung
zum Zweck der Verstärkung der Wirkung.

>»Niemals, niemals verlass ich dich!«

3.4 Homophoner Reim

Wenn du zwei Wörter findest, die sich im Gleichklang wiegen,
aber deren Bedeutungen sind verschieden
und die unterschiedlich werden geschrieben,
hast du eine Homophonie aufgetrieben.

>›arm / Arm‹
>›elf / Elf‹
>›fest / Fest‹
>›Fön / Föhn (nicht in der Bedeutung Haartrockner, sondern als warmer Fallwind)‹
>›gefahren / Gefahren‹
>›Graf (Adelstitel) / Graph‹
>›küsste / Küste‹
>›laut / Laut‹
>›Leere / Lehre‹
>›Lid / Lied‹
>›man / Mann‹
>›Rain / rein / Rhein‹
>›rasen / Rasen‹
>›wagen / Wagen‹
>›Waise / Weise‹
>›Wände / Wende‹

»[frɪst]
Die Säge <u>frisst</u> sich durch den Wald.
Des Lebens <u>Frist</u> verstreicht schon bald.«
(Jochen Buchmann, Buch „Meine Vollmacht wird Sie überraschen ...")

›Wird das Obst sehr langsam <u>reif</u>,
gibt's im Winter statt Eis nur <u>Reif</u>.‹

3.5 Homonymer Reim (äquivoker Reim)

Homonyme sind Wörter, die gleich klingen und auch gleich werden geschrieben,
die aber unterschiedliche Bedeutungen repräsentieren.

›Kiefer (Baum) / Kiefer (Gesichtsteil)‹
›kosten (schmecken) / kosten (wert sein)‹
›sieben (Zahl) / sieben (Verb)‹
›Tau (Niederschlag) / Tau (Seil) / Tau (19. griech. Buchstabe)‹

»[gəfɑːrən]
Gefahren wird mit Wagen seit der Zeit Homers.
Und seitdem wachsen die Gefahren des Verkehrs.«
(Jochen Buchmann, Buch „Meine Vollmacht wird Sie überraschen ...")

Im dtv-Atlas Deutsche Sprache steht auf der Seite 107: »Um gleich lautende Wörter
(Homonyme) auseinander zu halten, werden Schreibvarianten benutzt, die eine
Scheidung der Bedeutungen auch im graphischen Bild ermöglichen: Man trennt
damit *Meer* von *mehr*, *Leib* von *Laib*, *viel* von *fiel*, obwohl kaum Gefahr besteht,
diese Wörter im Kontext zu verwechseln (Prinzip der Homonymentrennung).«
Nicht jeder macht die Homophone-Homonyme-Trennung.

Bei Wikipedia teilt sich im Artikel **Homonym** die Äquivokation auf in Homonymie und
Polysemie.
Die Homonymie teilt sich auf in Homographie und Homophonie.

Bei Wikipedia stehen auch die Homophone und Homographe im Artikel **Homonym**e.
Aber diese Zusammenstellung ist eine Lüge,
weil das sind gar keine Homonyme.

Bei Wikipedia steht im Artikel **Homonym** u. a.: »Die Abgrenzungen werden nicht
    immer auf dieselbe Weise vorgenommen, wie in diesem Artikel dargestellt. So
    sprechen manche Autoren nur dann von einem Homonym, wenn sowohl gleiche
    Schreibweise als auch gleiche Aussprache vorliegt; an anderer Stelle wird
    Homonymie sogar als bloße Gleichlautung, also im Sinn der Homophonie bezeichnet.
    Diese nicht immer eindeutigen Unterscheidungen sind unter anderem in der
    Lexikographie von Bedeutung.«
Warum darf der eine haben diese Meinung
und der andere haben jene Meinung,
sodass unmöglich ist eine eindeutige Unterscheidung?

Im Buch „Meine Vollmacht wird Sie überraschen ... Homonyme Reime" steht auf der
    Seite 7: »Homonyme sind Wörter, die gleich klingen, aber unterschiedliche
    Bedeutung haben, zum Beispiel Arm und arm; Wende, Wände, wende und wände. Da
    Homonyme gleich klingen, können sie sich natürlich nicht miteinander reimen.«
Aber ich möchte meinen,
man sollte Homophone, Homonyme, Polyseme und Homoformen nicht zu einem Klumpen
    verschleimen,
sondern nur das gleiche Wort mit der gleichen Bedeutung außerhalb der guten
    Reimmöglichkeiten anleinen.

3.6 Polyseme (äquivoker Reim)
Werden die mehrdeutigen Wörter auf gemeinsame etymologische Wurzeln zurückgeführt
    oder auf dieselben Lexeme,
handelt es sich nicht um Homonyme, sondern um Polyseme.

Es steht nirgends, ganz im Gegenteil,
aber ich bin der Meinung, dass Polyseme von den Homonymen bilden einen speziellen
    Bestandteil.

    ›Geist (Intellekt) / Geist (übernatürliches Wesen) / Geist (Gesinnung – „wes' Geistes
        Kind") / Geist (Weingeist)‹
    ›Himmel (religiöser Ort, metaphysisches Jenseits) / Himmel (astronomischer Ort)‹
    ›Leiter (Stufengerät) / Leiter (Chef) / Leiter (physikalische Leiter)‹
    ›Strom (Fluss) / Strom (elektrische Größe)‹

3.7 Homoformen (äquivoker Reim)

Wörter, die homonym sind in unterschiedlichen grammatischen Formen,
nennt man Homoformen.

>*Ich führe* jemanden und sie sagt, *sie führe*«

Bei diesem Beispiel von Wikipedia gibt es keine Erklärung und fehlen alle
    Anführungszeichen,
weshalb die meisten das Beispiel wohl nicht begreifen.
Ich würde es folgendermaßen schreiben:
    „Ich <u>führe</u> (a^1) jemanden“ und „sie sagt, sie <u>führe</u> (a^2)“
    a^1: 1. Person Singular Indikativ Präsens vom Infinitiv: führen
    a^2: 3. Person Singular Konjunktiv II vom Infinitiv: fahren

3.8 Homographe

Findest du ein Wort, das mal so und mal so wird ausgesprochen,
hast du einen Homographen angetroffen.

Homographe gehören dann nicht zu den guten Reimen,
wenn im Klang nichts Reimendes will erscheinen.

    ›Beinhaltung (Haltung der Beine) / Beinhaltung (Substantivierung von beinhalten)‹
    ›Collagen (Bildmontagen) / Collagen (Bindemittel)‹
    ›Hochzeit (Vermählung) / Hochzeit (Höhepunkt)‹
    ›modern (verrotten) / modern (der Mode entsprechend)‹
    ›Montage (Plural von Montag) / Montage (Zusammenbau)‹

3.9 Paronomastischer Reim

a) Die Paronomasie ist ein Wortspiel
mit Wörtern, welche semantisch und etymologisch nicht zusammengehören, die sich
jedoch im Klang ähneln, wobei ein Zusammenhang zwischen den gegensätzlichen
oder nur unterschiedlichen Bedeutungen ist das Ziel.

>zwischen Verlegenheit und Verlogenheit‹ (Karl Kraus)
>vom Volk der „Dichter und Denker" zu dem der „Richter und Henker"‹ (Karl
Kraus)
>Ein Knabe fährt im Kahne‹ (Heinrich Heine)
>Ich erwarte Rechtsspruch, aber da war nur Rechtsbruch.‹
>Eile mit Weile‹
>Amateuranimateur‹
>komplett platt‹
>Lieber arm dran als Arm ab.‹
>Lieber dankend ablehnen, als lehnend abdanken.‹
>Wer rastet, der rostet.‹
>Das einzig Wahre: Warsteiner.‹

Im Buch „Insha und Sadj - Briefkunst und Reimprosa erläutert am Beispiel von Texten
des Al-Qadi al-Fadil" steht auf der Seite 16: »Wir stoßen in diesem Abschnitt
zweimal auf die Figur der Paranomasie in Form von „naṣru - nasran" (Sieg – Adler)
und „'aḡīḡihā – aḡāḡihā" (Geschrei – aufwirbelnder Staub). Durch Veränderung
eines Lautes bzw. Buchstabens ergeben sich fast gleich lautende Wörter mit
unterschiedlicher Bedeutung.«
DUDEN und Brockhaus kennen nicht das Wort ›Paranomasie‹.
Weder in Metzlers Lexikon Sprache noch im Lexikon der Sprachwissenschaft steht das
Stichwort **Paranomasie**.
Aber bei Wikipedia gibt es zum Artikel **Paro**(!)**nomasie** die Weiterleitung.
Allein für den Austausch eines Lautes bzw. Buchstabens gibt es auch „Assonanz" als
Bezeichnung.

Wikipedia ist die wichtigste Quelle für dieses Buch.
Weil auch dort nicht alles steht, ich auch anderenorts such.

b) Figura etymologica
Die figura etymologica ist eine Sonderform der Paronomasie,
bei der die Wortstammgleichheit führt Regie.

> ›Gar schöne <u>Spiele</u> <u>spiele</u> ich mit dir.‹
> ›Alles <u>geht</u> seinen <u>Gang</u>.‹
> ›<u>moderater</u> <u>Moderator</u>‹
> ›<u>betrogene</u> <u>Betrüger</u>‹
> ›der <u>Kreateur</u> der <u>Kreatur</u>‹
> ›<u>Mäßig</u>, aber <u>regelmäßig</u>.‹

c) Polyptoton
Eine rhetorische Figur ist das Polyptoton.
Sein Merkmal ist die Wiederholung eines Wortes mit veränderter Flexion.
Ich musste raten, dass es sächlichen Geschlechts ist, weil weder im DUDEN-Band 1
„Die deutsche Rechtschreibung" noch im Deutschen Universalwörterbuch steht
das Stichwort **Polyptoton**.

> ›Kein Mensch <u>muss</u> <u>müssen</u>.‹

> »Wie ich damals einem <u>Greise</u> als <u>Greis</u> etwas über das <u>Greisenalter</u> dargelegt
> habe, so in diesem Buch einem <u>Freunde</u> als engster <u>Freund</u> etwas über die
> <u>Freundschaft</u>.«
> (Marcus Tullius Cicero)

d) Paronomastischer Intensitätsgenitiv
Der paronomastische Intensitätsgenitiv ist eine Steigerungsform der Paronomasie,
bei der das Bezugswort mit seinem Genitiv bildet eine Harmonie.

> ›der König der Könige‹
> ›das Spiel der Spiele‹
> ›das Buch der Bücher‹
> ›der Kampf der Kämpfe‹

3.10 Erweiterter Reim (Vorreim; reicher Reim)

Der erweiterte bzw. reiche Reim durch uneinheitliche Definitionen auffällt,
sodass die folgende Erklärung nur eine Variante darstellt.

Das sich reimende Ende wird durch davor stehende Laute oder Silben ergänzt,
wobei es nicht notwendig ist, dass die Erweiterung unmittelbar an den Reimvokal bzw. an
den Reimdiphthong grenzt.

›beachtlich / beruflich‹
›unerforschlich / unerschöpflich‹
›umschwimmen / umstimmen‹

»Weshalb leiden und ertragen?
Und was mich mitnimmt, mir erklagen?«

Der erweiterte bzw. reiche Reim entsteht durch Übererfüllung der Minimalforderung an
den Reim, speziell wenn es nicht nur einen, sondern zwei oder mehr (betonte) Vokale
gibt als Reimbaustein.
Ist die Ergänzung nur eine gleiche oder gleich klingende Konsonanz, ist es ein rührender
Reim.
Zum erweiterten bzw. reichen Reim gehören weiterhin der Doppel- und Mehrfachreim
(Überreim, Radif), der gespaltene Reim, der Schlagreim (Echoreim), der
Schüttelreim und der Zwillingsreim.

Dreisilbig ist der reiche Reim.
Vielsilbig ist der erweiterte Reim.

3.11 Doppel- und Mehrfachreim

Wenn sich in zwei Versen zwei oder mehr Reimpaare reimen,
sie als Doppel- oder Mehrfachreim erscheinen.
Zum Beispiel könntest du das Schüttelreimen betreiben.

»Ich kose deinen lieben Busen,
vergesse alle sieben Musen.«

3.12 Überreim (Spezialfall des Doppelreims)

Der Überreim ist ein Doppelreim, der aus einem stumpfen oder klingenden und einem
identischen Reim besteht.
Die Strophenform Radif ist ein Überreimpaket.

> »Von jenem Kamaschenrittertum,
> Das ekelhaft ein <u>Gemisch</u> <u>ist</u>
> Von gotischem Wahn und modernem Lug,
> Das weder Fleisch noch <u>Fisch</u> <u>ist</u>.«
> (Heine)

3.13 Schüttelreim

Des Schüttelreims Hauptmerkmal
ist die Vertauschung der Konsonanten vor dem Reimvokal.
Bei den Konsonanten hast du auch die identisch klingenden zur Wahl.

Zum Beispiel können sich zwei Wörter auf zwei Wörter reimen, wobei es hier zwei Reime
gibt.
Zum Beispiel können sich zwei Wörter auf ein zusammengesetztes Wort reimen, wobei es
auch hier zwei Reime gibt.

Es gibt halb gekreuzte, gekreuzte, umarmend angeordnete, einfach geschüttelte, doppelt
geschüttelte, dreifach geschüttelte und vierfach geschüttelte Reime.
Aber dafür muss man haben viel Langeweile.

> »Orlando schnitzt für <u>R</u>ose<u>l</u>inde
> den Liebesschwur in <u>l</u>ose <u>R</u>inde.«
> (Sita Steen, Buch „Lexikon für Schüttelreimer")

> »Schenk nicht irgend<u>w</u>as der <u>B</u>ase,
> nimm 'ne Ala<u>b</u>aster<u>v</u>ase!«
> (Sita Steen, Buch „Lexikon für Schüttelreimer")

3.14 Historischer Reim

Der historische Reim war zur Zeit seiner Entstehung rein,
soll es aber aufgrund anderer Sprechgewohnheiten heute nicht mehr sein.

> >love / move / prove / strove<

3.15 Unreiner Reim (Halbreim)

Durch *nur ähnlich* klingende Reimvokale bzw. Reimdiphthonge vor dem selben
  Konsonant bzw. einem gleich klingenden Konsonanten oder vor der selben bzw. einer
  gleich klingenden Buchstabenverbindung ist gekennzeichnet der unreine Reim.
Auch Assonanz und Konsonanz sind unrein.
Aber weil es hierfür keine spezielle Bezeichnung gibt, meine ich immer nur die ähnlich
  klingenden Reimvokale oder Reimdiphthonge, wenn ich schreibe: „unreiner Reim".

a) Das kurze ä und das kurze e bilden einen reinen Reim, weil sie haben den gleichen
  Klang.
  Aber das lange ä bzw. äh und das lange e, ee bzw. eh haben nur einen ähnlichen Klang.

  Die schüchternen Rehe
  mögen nicht des Menschen Nähe.

  »Niemand weiß, wie das geht.
  Es ist meistens zu spät.«
  (Udo Lindenberg, Titel „Ein Herz kann man nicht reparieren")

  »Die Taschen voll, die Börsen leer.
  Selbst wenn Stoiber Bundeskanzler wär, [...]«
  (Silbermond, Titel „Nicht mein Problem")

Das kurze ä und das kurze ö haben einen ähnlichen Klang.

  »Doch nun holt der kleine Rächer
  Spitze Pfeile aus dem Köcher.«

Meiner Meinung nach klingen ä / ö nicht ähnlich, sodass sie bilden keinen Reim.
Bei den Wörtern ›Rä|cher, Kö|cher‹ reimt die selbe Endsilbe -cher allein.

Das kurze e und das kurze ö haben einen ähnlichen Klang.

  »Sitzen da in dunklen Löchern,
  Trinken aus den trüben Bechern.«

Meiner Meinung nach klingt das kurze ä und das kurze ö nicht ähnlich, sodass sie bilden
  keinen Reim.
Bei den Wörtern ›Lö|chern, Be|chern‹ reimt die selbe Endsilbe -chern allein.

Das kurze i und das kurze ü haben einen ähnlichen Klang.

Komm näher ein bisschen,
dann bekommst du ein Küsschen.

»Es ist mehr als perfekt –
besser als r<u>ich</u>tig.
In diesem Moment steht die Zeit einfach still.
Und sie wird nur fl<u>üch</u>tig, [...]«
(Christina Stürmer, Titel „Mehr als perfekt")

»Und er geht ganz geb<u>ück</u>t
auf seiner abgelatschten Straße.   Waise
Und wenn er mal nach oben bl<u>ick</u>t:«   unreiner Reim
(Udo Lindenberg, Titel „Notausgang")

Das lange ä bzw. äh und das lange ö bzw. öh haben einen ähnlichen Klang.

»Beseligend war ihre N<u>äh</u>e,
Und alle Herzen wurden weit,
Doch eine Würde, eine H<u>öh</u>e [...]«

Meiner Meinung nach klingen ä / ö nicht ähnlich, sodass sie bilden keinen Reim.
Bei den Wörtern ›Nä|he, Hö|he‹ reimt die selbe Endsilbe -he allein.

Das lange e bzw. eh und das lange ö bzw. öh haben einen ähnlichen Klang.

›Wenn im März viel Winde wehn,
wird's im Maien warm und schön.‹

»Ich schau dich an.
Du bist so wundersch<u>ön</u>.
Ich schau dich an.
Doch leider muss ich g<u>ehn</u>.«
(Spider Murphy Gang, Titel „Ich schau' dich an")

Nicht den Titel (bei einem Zitat muss man z. B. auch ein heute falsches ß übernehmen),
aber den Text habe ich gerade dem Gehör nach aufgeschrieben rechtshändig.
Entsprechend dem Kasten **K 13** im DUDEN-Band 1 „Die deutsche Rechtschreibung" sind
viele Apostrophe heute nicht mehr notwendig.

Das kurze [ɛ] und das lange [ø:] haben einen ähnlichen Klang.

Das Austauschen dreckiger Padstegs ist vom Optiker ein kostenloser Service
['zø:ʁvɪs].
Mit den großen, neuen, farblosen Silikon-Padstegs sehe ich aus wie Elvis
['ɛlvɪs].

Das lange i bzw. ie und das lange ü bzw. üh haben einen ähnlichen Klang.

›Gemüt / Lied‹ (keine Assonanz, weil „t /d" rein reimen.)

›Wenn es Kunigunden friert,
man's noch vierzig Nächte spürt.‹

›Das Wetter auf sieben Brüder
geht erst nach sieben Wochen wieder.‹

Das lange o bzw. oh und das lange ö bzw. öh haben einen ähnlichen Klang.

Einen improvisierten Ton
finde ich meistens schön.

Beim Sprechen von Gedichten für einen Rhythmus bestimmte Wörter künstlich
zu betonen,
möchte ich mir nicht angewöhnen.

Die Diphthonge ai, ei und die Diphthonge äu, eu haben einen ähnlichen Klang.

›Lacht der Januar im Kommen und Scheiden,
bringt das Jahr uns viele Freuden.‹

›Blühn im November die Bäume aufs Neu,
dann währt der Winter bis in den Mai.‹

»Gelegt hat sich der starke Wind,
Und wieder stille wird's daheime:
Germania, das große Kind,
Erfreut sich wieder seiner Weihnachtsbäume.«
(Heine: http://de.wikisource.org/wiki/Im_Oktober_1849)

»Schick love an sieben drei sieben acht neun
und du wirst glücklich sein.«
(Silbermond, Titel „Schick love")

Wenn du der Meinung bist, dass sich ›mehr‹

rein reimt auf ›wär‹,

dann entweder der DUDEN-Band 6 „Das Aussprachewörterbuch" von Grund auf
(schließlich gibt es viele Wörter mit einem langen e, ee oder eh) geändert werden
muss

oder du brauchst einen Sprachkursus.

Im DUDEN-Band 6 „Das Aussprachewörterbuch" steht die Lautschrift [ʃvʊŋ] hinter dem
Stichwort **Schwung** und die Lautschrift[ˈʦͅaͻtʊŋ] hinter dem Stichwort **Zeitung**.

Weil ich nicht [ˈʦͅaͻtʊŋ], sondern [ˈʦͅaͻtʊnk] sage, reimt sich für mich „Schwung" nicht
rein auf „Zeitung".

Im DUDEN-Band 6 gibt es weder das Stichwort **beraten** noch das Stichwort **Beratung**.

Aber ich sage [bəra:tʊnk].

Im DUDEN-Band 6 gibt es nicht das Stichwort **Heizung**.

Aber ich sage [haͻʦͅʊnk].

Im DUDEN-Band 6 steht die Lautschrift [ˈmaͻnʊŋ] hinter dem Stichwort **Meinung**.

Aber ich sage [ˈmaͻnʊnk].

Im DUDEN-Band 6 gibt es weder das Stichwort **erweitern** noch das Stichwort
Erweiterung.

Aber ich sage [ɛɐ̯ˈvaͻtərʊnk].

Ich bin der Meinung,

der DUDEN-Band 6 bedarf einer mehrbändigen Erweiterung.

In der Kleinen deutschen Versschule steht auf der Seite 85: »Wir schalten dabei
dialektische Unterschiede aus; einem Berliner z. B. werden die i zu ü kaum auffallen,
da er das i gewöhnlich schon getrübt spricht.«

Obwohl ich nie in Berlin gewohnt habe, habe ich durch meine berliner Verwandtschaft
einen kleinen berliner Akzent, weshalb bei mir beim Lesen des DUDEN-Band 6 „Das
Aussprachewörterbuch" hin und wieder eine Unverständlichkeit ausbricht.

Im DUDEN-Band 6 steht die Lautschrift [vɪrt] hinter dem Stichwort **Wirt**.

Aber ich sage [vʏrt] zu einem Wirt.

Im DUDEN-Band 6 sind die Seiten 14–16 komplett in Englisch.

Ich – also mein Geist – bin made in Germany und ich verstehe nur Germanisch.

b) Der selbe Reimvokal einmal kurz und einmal lang
hat einen ähnlichen Klang.

›Rat / hat‹
›Luft / ruft‹

Es hängt von meiner körperlichen Aktivität ab,
einen wie großen Hunger ich hab.

»Entschuldigen Sie, ist das der Sonderzug nach Pankow?   Waise
Ich muss mal eben dahin, (a)
mal eben nach Ostberlin.« (a)   unreiner Reim
(Udo Lindenberg, Titel „Sonderzug nach Pankow“)

Einen Konsonantenwechsel, der keine Assonanz ist, kann es geben,
wenn die Vokale einmal auf die harte und einmal auf die weiche Aussprache des
Konsonanten bestehen.

›büßen / müssen‹

»Wir waren lange auf der Suche,
haben nach den Sternen navigiert.
Wir sind vom Weg abgekommen
und haben uns in die Ferne verirrt.
(Christina Stürmer, Titel „Mehr als perfekt“)
→ Keine Assonanz. Das kurze i verlangt das Doppel-r.

»Sei wie der Fluss, der eisern ins Meer fließt,
der sich nicht abbringen lässt, egal wie schwer's ist.«
(Silbermond, Titel „Krieger des Lichts“)
→ Keine Assonanz. Das lange ie verlangt das ß.

»Verliebte Jungs tanzen auf den Straßen, (a, b)
reiben ihre Nasen (a)   konsonantische Unreinheit
an den Frauen, die sich das gefallen lassen.« (b)   kurzer und langer Reimvokal
(Purple Schulz, Titel „Verliebte Jungs“)
→ Keine Assonanz. Das kurze a verlangt das Doppel-s.

»Ich bin total verwirrt.
Ich werd verrückt, wenn's heut passiert.«
(Nena, Titel „Nur geträumt“)

c)   Konsonantische Unreinheiten (stimmhafte und stimmlose Reibelaute)

Kuck auf die Straße,
sonst fällst du auf die Nase!

›Grünen zu Weihnachten Feld und Wiesen,
wird sie zu Ostern Frost verschließen.‹

»Da beugt sich jede Erdengröße
Dem Fremdling aus der andern Welt,
Des Jubels nichtiges Getöse
Verstummt ...«
(Schiller)

»Der Drache, der das Land verödet,
Er liegt von meiner Hand getötet [...]«
(Schiller)

»Und meine Seele spannte
Weit ihre Flügel aus,
Flog durch die stillen Lande ...«
(Eichendorff)

»Einsam hinterm letzten Haus
Geht die rote Sonne schlafen,
Und in ernste Schlußoktaven
Klingt des Tages Jubel aus.«
(Rilke)

»Leute – Freude
Sklaven – trafen
Magen – Haken
Tag – nach
Baum – Zaun«
(Buch „Songtexte schreiben", S. 94)

»ach neige,
du Schmerzensreiche«
(Goethe)

Für Goethe war es ein reiner Reim
durch seine hessische Aussprache infolge seiner Geburt in Frankfurt am Main:
»ach neische,
du Schmerzensreische«
(dtv-Atlas Deutsche Sprache, S. 109)
Möglicherweise muss man jetzt Bücher umschreiben,
nämlich die, in denen steht, dass Goethe gern unrein wollte reimen.
Heine hat seine Jugend in Düsseldorf und seine Jurastudienzeit in Bonn verlebt.
Hat er bei seinen Gedichten die neuhochdeutsche Aussprache (wobei es zu seiner Zeit
noch nicht einmal eine einheitliche deutsche Schreibweise gab) oder seine
rheinische Muttersprache zugrunde gelegt?

In der Kleinen deutschen Versschule werden die konsonantischen Unreinheiten als
»unglücklich, Mißklang {die neue Rechtschreibregelung war im Jahr 2002 noch
nicht verbindlich}, das Maß des Erlaubten wird überschritten, Zumutungen,
verspürtes Unbehagen, zu große Sorglosigkeit, Unart der Reimkunst« bezeichnet.
Aber ich bin der Meinung, dass sich auch eine konsonantische Unreinheit sehr gut für
einen Reim eignet.

In der Kleinen deutschen Versschule steht auf der Seite 87: »Wer nicht imstande ist,
Mißklänge als solche zu hören, dem entgehen mit Gewißheit auch die letzten
Schönheiten des Versklanges.«
Auch aus diesem Grunde überwiegen seit Jahrzehnten die Freien Verse und Reime
sind schon fast nur noch etwas Vergangenes.

## d)	Konsonantische Ungleichheit

Grundsätzlich kann man auch mit unterschiedlichen Konsonanten unrein reimen.
Aber ich bin der Meinung, dass man stattdessen besser zwischen guter und
minderwertiger Assonanz sollte unterscheiden.

»Kling hinaus, bis an das Haus,
Wo die Blumen sprießen.
Wenn du eine Rose schaust,
Sag, ich lass' sie grüßen.«
(Heine)

»steckt – weck
sag – fragt«
(Buch „Songtexte schreiben", S. 94)

e)   Unreiner Reim + Assonanz

›Liebe / Lippe‹ (vokalisch und konsonantisch unrein)
›Träger / jeder‹
›schön / angenehm‹

»Nimm es gern zurück.
Jedes Bild,
jeder Gedanke an dich, raus damit.«
(Silbermond, Titel „Nichts mehr")

»Sag mir, dass dieser Ort hier sicher ist (a)
und alles Gute steht hier still (b)
und dass das Wort, das du mir heute gibst, (a)
morgen noch genauso gilt.« (b)
(Silbermond, Titel „Irgendwas bleibt")
a: unreiner Reim (kurzes und langes i) + Assonanz
b: Assonanz

»Gib mir einfach nur ein bisschen Halt [halt]
und wieg mich einfach nur in Sicherheit.« [...haɪt]
(Silbermond, Titel „Irgendwas bleibt")

f)   In der Neuen Versschule steht auf der Seite 19: »5.4.1 Der unreine Reim: Die Vokale
oder auch die Konsonanten der Reimsilben klingen nicht gleich (rein), sondern
nur ähnlich (unrein).

Freuden : Leiden; umher : Ewiger

Es dringen Blüten / Aus dem Zweig
Und tausend Stimmen / Aus dem Gesträuch. (Goethe: *Maifest*)

Es war, als hätt' der Himmel / Die Erde still geküsst,
Das sie im Blütenschimmer / Von ihm nur träumen müsst'.
(v. Eichendorff)«
›Freuden : Leiden‹ ist ein unreiner Reim.
Aber ›umher : Ewiger‹ ist ein leichter Reim.
Hat Goethe als gebürtiger Frankfurter nicht gesprochen: ›... / Aus dem Zweich
... / Aus dem Gesträuch.‹?
›Himmel : Blütenschimmer‹ bringt jetzt ins Kapitel „Assonanz" der Klapperstorch.

Meine Meinung dazu
ich an dieser Stelle kundtu:

Für unreine Reime lassen sich die Vokale nicht beliebig austauschen.
Deshalb muss irgend wann ein Reimlexikon, das viel mehr als nur Möglichkeiten für
    reine Reime enthält, auftauchen.

Es darf nicht nur Regeln geben.
Man muss in einem hundertbändigen Reimlexikon, das nicht nur eine Auswahl an
    Wörtern, sondern alle Wörter – einschließlich ihrer Deklinationen und
    Konjugationen, mit Präfixen, Suffixen, Asterixen, Obelixen, Räuber Fürchtenixen,
    Sohn Spurtefixen und vielen Zusammensetzungen – enthält, alle Reimmöglichkeiten
    detailliert sehen.

Solch ein Reimlexikon kann keine Privatperson erstellen.
Dass der DUDEN noch kein Reimlexikon herausgebracht hat, müssen wir jetzt
    feststellen.

Die Grundlage des Reimlexikons vom DUDEN darf nicht nur bilden ein noch nicht
    existierender Thesaurus aller deutschen Wörter (Die meisten
    Buchstabenaneinanderreihungen einschließlich der Verbindungen mit einem
    Bindestrich, die der Thesaurus des Duden Korrektor PLUS enthält, existieren nicht als
    Wörter bzw. Wortzusammensetzungen, sodass Tippfehler oft nicht als falsch
    geschrieben rot unterstrichen werden!) und dieses „Reimmöglichkeiten“-Büchlein,
sondern hier müssen auch Leute mit einem Gefühl für die Reimqualität, weil die
    Querverweise im Reimlexikon entsprechend den phonologischen Strukturen unterteilt
    und entsprechend ihrer Reimqualität – zum Beispiel mit Smileys – gekennzeichnet
    werden müssen (besser wäre es allerdings, nur die guten Assonanzen aufzulisten und
    die minderwertigen einfach wegzulassen), sein.
Und die Querverweise sollten nicht wie in den bisherigen Reimlexika am Anfang einer
    Reimgruppe stehen, sondern – weil es Querverweislisten sind – erst am Ende treten in
    Augenschein.

3.16 Leichter Reim (unebener Reim)

Auch mit betonten und unbetonten Silben
kann man leicht Reime bilden.

> ›Schn<u>ell</u>, kling<u>el</u>!‹
> ›Z<u>eit</u> / Ewigk<u>eit</u>‹
> ›gel<u>ungen</u> / Erinner<u>ungen</u>‹
> ›schau h<u>er</u> / Bändig<u>er</u>‹

> »Du und ich, das war (a)
> einfach unschlagbar, (a)
> ein Paar [paːɐ̯] (a, b)   reine Reime
> wie Blitz und Donner ['dɔnɐ].« (b)   leichter Reim
> (Udo Lindenberg, Titel „Horizont")

3.17 Endsilbenreim

Der Brockhaus kennt Nebentöne nur in der Blasmusik und gar nicht das Wort
›Endsilbenreim‹.
Mit Wörtern, die der Brockhaus nicht kennt, kommt man auch nicht in die Power-
Websuche hinein.

Bei Wikipedia steht im Artikel **Reim** unter dem Stichwort **Endsilbenreim**:
> »Der Endsilbenreim reimt zwischen nebentonigen und unbetonten Endsilben.
>> Es zucken die Blitze **denn**
>> Und stinken die Harpy**ien**.«

Aber was ist hier die Nebentonsilbe
und was ist die unbetonte Endsilbe?

Bei Google habe ich die ersten 30 Ergebnisse gelinkt,
aber nichts gefunden, was mich weiterbringt.

Im Lexikon lyrischer Formen steht unter dem Stichwort **Endsilbenreim**:

»   Nû denchent, wîb unde man,
war ir sulint werdan.
(Nun denkt, Frau und Mann,
was aus euch werden soll.)
(Aus Nokers ›Memento mori‹, um 1070)

Nach unserer heutigen Reimauffassung erstreckt sich der Gleichklang der Reimwörter von deren Stammvokal, d. h. {im Kapitel „Abkürzungen" gibt es nicht die Abkürzung ›d. h.‹} von der letzten Haupttonsilbe im Vers bis zum Versende (→ Stammsilbenreim). In althochdeutscher Zeit, als die deutsche Sprache noch volle Endsilbenvokale kannte (bena = Beine); bluoda = Blute) [sic!; hier fehlt das Komma] waren dagegen auch unbetonte (oder nebentonige) Endsilben für sich reimfähig, sowohl untereinander als auch mit Stammsilben. Nach der Abschwächung der Endsilbenvokale zu ›e‹, d. h. seit dem Frühneuhochdeutschen, finden sie sich nur noch selten, jedoch reimen weiterhin Suffixe mit nicht abgeschwächten Vokalen wie in den folgenden Versen aus dem Falken-Gedicht des Kürenbergers (um 1150): ›(…) / und was im sîn gevidere alrôt guldîn./ got sende sie zesamene die gerne geliep wellen sîn.‹ Reimt auch die vorhergehende Konsonanz mit (zîti / nôti), so spricht man von einem gestützten E.«

Reimt auch die vorhergehende Konsonanz mit bei einem Stammsilbenreim,
so spricht man von einem rührenden Reim.

Die Abschwächung der Endsilbenvokale zu ›e‹ war nicht erst ein Merkmal des Frühneuhochdeutschen,
sondern bereits des Mittelhochdeutschen.

Zum Germanischen führte im Zuge der ersten Lautverschiebung unter anderem, dass der im Indogermanischen noch freie Wortakzent (d. h. jede Silbe konnte die Hauptbetonung tragen) zugunsten der Initialbetonung (d. h. der Betonung der jeweils ersten Silbe des Wortes) wurde aufgegeben.

Aber erst durch die Abschwächung der unbetonten Nebensilben, durch die Hinzufügung eines Personalpronomens zum Verb (ahd. *hilfu* → mhd. *ich hilfe* → nhd. *ich helfe*) und durch die Hinzufügung eines Artikels zum Substantiv (ahd. *hanōno* → mhd. *der hanen*; Gen. Pl. v. „Hahn"), z. B. bei den schwachen Femina:

ahd.	Nom. Pl.	zungūn	mhd.	die zungen
	Gen. Pl.	zungōno		der zungen
	Dat. Pl.	zungōm		den zungen
	Akk. Pl.	zungūn		die zungen

im Mittelhochdeutschen kam es zu den stark betonten Stammsilben und den „auffällig" unbetonten Nebensilben (in der Lautschrift steht für die Endung -en meistens nur ein n; siehe Duden-Band 6 „Das Aussprachewörterbuch"), die wir heute hören beim Reden.

Während der Einführung des Endreims neben dem Stabreim in der zweiten Hälfte des
9. Jahrhunderts durch Otfried von Weißenburg waren im Althochdeutschen noch alle
Endsilben volltonig, sodass auch unbetonte Endsilben waren reimfähig.
Seit dem hat sich einiges in der deutschen Sprache und in den Dialekten geändert und
heute ist für einen Endsilbenreim eine metrisch unbetonte und eine nebentonige
Endsilbe notwendig.

Im dtv-Atlas Deutsche Sprache steht auf der Seite 45, dass vom 5. Jh. v. Chr. bis zum
2. Jh. v. Chr. stattfand die erste Lautverschiebung.
Bei Wikipedia steht, dass zwischen 500 v. Chr. und dem Jahre null stattfand die erste
Lautverschiebung.
Im Brockhaus steht, dass sie sehr verschieden datiert wird (5. Jh. v. Chr. bis 3. Jh. n. Chr.),
zur ersten Lautverschiebung.
Wen oder was hatte der Brockhaus zur Informierung?
200 Jahre später – sie dauerte vom 5.–7. Jh. nach Chr. (siehe Metzlers Lexikon Sprache)
und führte zum Althochdeutschen und damit überhaupt zum Deutschen – begann
bereits die zweite Lautverschiebung.

In Metzlers Lexikon Sprache steht hinter dem Stichwort **Akzent** u. a.: »Nach der
linguistischen Domäne des A. unterscheidet man als A.-Arten: den *Silben*-A.
(eingipflig, zweigipflig; eben, steigend, fallend, steigendfallend); den *Wort*-A., der bei
einem mehrsilbigen Wort eine Silbe durch den *Haupt*-A. (auch: Starkton, engl. {im
Kapitel „Abkürzungen" gibt es nicht die Abkürzung ›engl.‹} primary stress,
französisch accent principal) hervorhebt, wobei andere Silben *Neben*-A. (auch:
Nebenton, engl. secondary stress, französisch accent accessoire) erhalten können, die
übrigen unbetont (auch: Schwachton, engl. tertiary stress) sind; den *Wortgruppen*-
und *Satz*-A., der als *grammatischer* A., aber auch als ↗ *emphatischer* A. auftreten
kann.«
Wenn ich das richtig verstanden habe, bilden in der Regel betonte und unbetonte Silben
ein Gespann.
Aber wenn sich ein unbetonter Vokal unmittelbar an einen betonten Vokal anschließt, wie
bei dem Wort ›Harpyien [har'py:jən]‹, hat man eine nebentonige Endsilbe dann.

Beim Rückwärtsblättern im Wörterbuch deutscher Assonanzen und Alliterationen habe ich
gerade auf der Seite 365 die Reimgruppe **üü-oo** gefunden.
Man kann aber auch am Anfang des Buches die Übersicht der Reimgruppen nutzen. (ein
Schlagreim – das auch)

Ich habe ein Wort gesucht, das sich reimt auf ›Situation‹.
In der Reimgruppe **üü-oo** steht das Wort ›Grünton‹.
Aber weil nicht das i vor dem o, sondern das o betont wird, ist das keine
Endsilbenreimpräsentation.

Weil das i und das e wie ein Diphthong zusammengesprochen wird, taugt für einen
Endsilbenreim auch nicht das Wort ›Persien‹.
In der elfeinhalbseitigen Reimgruppe **ii-e** steht unter anderem das passende Reimwort
›adressieren‹.

Wenn in der DUDEN Office-Bibliothek als Suchbegriff eine Buchstabenfolge mit einem
Stern am Anfang wird platziert,
das Programm alle Wörter der installierten Bücher, die mit dieser Buchstabenfolge enden,
präsentiert,
aber weder alphabetisch noch nach Wortarten sortiert.
Mit der Angabe eines Buchstabens vor dem Stern die Möglichkeit der Verbindung von
Alliteration und Endreim existiert.

Nach der Reimgruppe **oo-e** suchend – weil ich hier eine Nebentonsilbe für möglich hielt –
habe ich gerade die Übersicht der Reimgruppen überflogen.
Auf der Seite 271 stehen die Wörter ›Oboe, Chloe, Heroen, Sporozoen, zu zwoen‹.
Und damit habe ich endlich den zweiten deutschen Endsilbenreim aus dem Ärmel gezogen.

Bei Wikipedia steht auf der Seite **Alternanz (Verslehre)** u. a.: »In akzentuierender
Versdichtung wie der deutschen, wo das Versmaß durch die Verteilung betonter und
unbetonter Silben bestimmt ist (silben*wägendes* Prinzip), bezeichnet man mit
Alternanz der Versfüllung eine regelmäßig abwechselnde Folge jeweils einer betonten
und einer unbetonten Silbe, wobei einsilbige Wörter und nebentonige Silben je nach
Bedarf metrisch betont oder unbetont ausfallen können: [...] Regelmäßige Alternanz,
im mittelhochdeutschen Vers noch nicht angestrebt, ist das vorherrschende Prinzip der
neuhochdeutschen Versdichtung bis zur ersten Hälfte des 20. Jahrhunderts. Sie
kommt der natürlichen Betonung des Einzelwortes entgegen, da das Deutsche auch
sprachlich, wie alle indogermanischen Sprachen, keine direkte Aufeinanderfolge
zweier betonter oder unbetonter Silben innerhalb eines Wortes kennt (bei
aufeinanderfolgenden unbetonten Silben ist eine der beiden „nebentonig“, d. h. sie
trägt einen Nebenakzent des Wortes).«
Weil es in der Reimprosa keine Metrik gibt, werfen wir über Bord es.

Wenn immer ein Vokal hinter einem anderen Vokal eine Nebentonsilbe bilden würde,
würden die fremdsprachigen öffnenden Diphthonge [iɛ, ia, io, uɛ, ua], zum
Beispiel in den Wörtern „speziell, sozial, Situation, Duett, Guano“, für die
Endsilbenreime darstellen die Grundlage.
Welche öffnenden Diphthonge es noch so gibt, ist jetzt die Frage.

In dem Wort ›ruhig [ˈruːɪç]‹ gibt es keinen Diphthong, obwohl das h nicht wird
mitgesprochen.
Haben wir mit [-ɪç] hier trotzdem eine Nebentonsilbe angetroffen?

3.18 Unrein-rührender Reim

Sind unterschiedliche Reimvokale bzw. Reimdiphthonge in die selben Konsonanten
  eingebunden,
wird das als unrein-rührend empfunden.

»Was immer du suchst,
es ist schon lange <u>hier</u>.
Ich bewahr's für dich auf
und geb es nie mehr <u>her</u>.«
Christina Stürmer, Titel „Nimm mich mit")

3.19 Assonanz (Halbreim)

Im Gegensatz zum Vollreim
reimt sich hier ein gleicher Binnenvokal bzw. ein gleicher Binnendiphthong oder reimen
  sich gleich klingende Binnenvokale bzw. gleich klingende Binnendiphthonge allein.

a) Einfacher, zweifacher, selten dreifacher Konsonantentausch nach den Reimvokalen
    bzw. den Reimdiphthongen,
  wenn diese rein reimend vorkommen,
  wobei auch ein Konsonantentausch erst in der unbetonten Endsilbe ist willkommen.

›mag / tra<u>f</u>‹
›wagen / ha<u>b</u>en / Nar<u>b</u>en‹
›unterbra<u>ch</u>en / schla<u>f</u>en‹
›zurückkä<u>mm</u>en / wiedererke<u>nn</u>en‹
›stre<u>b</u>en / legen‹
›Zie<u>l</u> / Visi<u>er</u>‹
›wo<u>ll</u>en / ho<u>ff</u>en‹

›Bräu<u>n</u>e / Bräu<u>t</u>e‹
›Bäu<u>ch</u>e / bereu<u>t</u>e‹
›besai<u>t</u>en / rei<u>m</u>en‹

»Die Vögel schreien es von den Däche<u>rn</u> [...]
Du weißt, was die Leute spreche<u>n</u> [...]«
(Christina Stürmer, Titel „In dieser Stadt")

»Wir haben immer gekä<u>mpft</u>
und kein Sandkorn versche<u>nkt</u>.«
(Silbermond, Titel „Ich bereue nichts")

»Was, wenn du springst? Was, wenn du's tust? (a)
Was, wenn du heute zu fliegen versuchst? (a)
Was, wenn du springst und keine Träne mehr weinst, (b)
heute der Letzte – morgen Seite eins?« (b)
(Christina Stürmer, Titel „Seite eins"')

»Und ihr kleines Versteck
war ein Himmelbett.«
(Udo Lindenberg, Titel „Dach der Welt")

»Und das werd ich euch beizeiten
auch alles noch beweisen.«
(Udo Lindenberg, Titel „Ganz anders")

»Doch du warst immer bei mir irgend wie, (a)
wie 'ne superstarke Melodie, (a)   reiner Reim
die mich packte und nach Hause trug. (b)
Und du warst da, wenn ich am Boden lag. (c)
Und ganz egal, was ich auch tat, (c)   Assonanz
du hast mich niemals ausgebuht. (b, d)   Assonanz
Mille grazie! Vor dir ziehe ich meinen Hut. (d)   reiner Reim
Du warst immer für mich da aufm Highway to Hell. (e)
Rockerhelden sterben jung, Rockerhelden leben schnell. (e) reiner Reim
Man riskiert so manches für den des anderen Kick. (f)
Vor Ort schon übern Jordan. Doch du holst mich cool zurück. (f) unreiner Reim
Keiner hat mich je so doll geliebt. (g)
Bist ein Schutzengel, der Überstunden, der Überstunden schiebt.« (g) reiner Reim
(Udo Lindenberg, Titel „Ich zieh' meinen Hut")

»Dort, wo Karl einmal zu Hause war,
fahr'n jetzt Käfer aus Blech und Stahl.«
(Gänsehaut, Titel „Karl, der Käfer")

»Sie hat das Fassungsvermögen sämtlicher Einkaufszentren der Stadt.
Gehn ihr die Nerven durch, wirst du noch verrückter gemacht.«
(Joachim Witt, Titel „Goldener Reiter")

»Tina,
ist das nicht prima?"
(UKW, Titel „Sommersprossen")

»Effektivität bestimmt das Handeln.
Man verlässt sich blind auf den andern.«
(Peter Schilling, Titel „Major Tom")

»Der Torwart ist mein bester Freund.
Hui, wenn ich komm, wie der sich freut!«
(Markus, Titel „Ich will Spaß")

b) Einmal mit und einmal ohne Konsonant nach einem betonten Diphthong bzw. den
  betonten, unterschiedlichen Diphthongen am Wortende, wobei die
  unterschiedlichen Diphthonge aber gleich klingen.
Auch mit dem Weglassen eines Konsonanten lässt sich ein Halbreim zustande bringen.

»Kann es sein, es ist niemals vorbei ...?
Mir dreht sich alles im Kreis.«   gesungen sich reimend klingend
(Christina Stürmer, Titel „Im Kreis")

c) Nach der grundsätzlichen Definition darf man alles, was in der bzw. einer betonten
  Stammsilbe den gleichen vokalischen Laut besitzt, als Assonanz verarbeiten.
Damit reimt sich zum Beispiel auch ›Schwindsucht‹ auf ›Bindung‹,
›Kylie Minogue‹ auf ›Reisebüro‹,
›still‹ auf ›Tisch‹,
›Liebe‹ auf ›Wiegen‹,
›sangbar‹ auf ›Waldnacht‹
und ›Immanuel Kant‹.
Aber es gibt so viele gute Reimmöglichkeiten.
Man muss sie nicht mit minderwertigen Assonanzen (weil hier nur mit Anstrengung
  ein Reimklang zu hören ist) ausweiten.

»Woran soll ich mich erinnern, woran halt ich mich,
wenn jeder Tag hier nur zum Vergessen gut ist?«
(Silbermond, Titel „Weg für immer")

Im Wörterbuch deutscher Assonanzen und Alliterationen wird bei den auf der vorletzten
  Silbe betonten Wörtern der Vokal der unbetonten Endsilbe mit einbezogen.
Mit den Wörtern auf den fünf Seiten der Reimgruppe **oo-e** konnte sich meine Fantasie
  jetzt austoben.
Auf den achteinhalb Seiten der Reimgruppe **e-e** wirst du wegen der gleichen Aussprache
  der Vokale auch auf die Wörter ›Fläche, Hecke‹ stoßen.

3.20 Konsonanz (Halbreim)

Im Gegensatz zum Vollreim
reimen sich hier die Konsonanten hinter dem Tonvokal bzw. Tondiphthong allein.

Konsonanz
wird auch bezeichnet als konsonantische Assonanz.

Es gibt den Anreim (Alliteration, Stabreim) und den Endreim.
Und alles, was dazwischen gleich klingt, ist eine vokalische oder/und konsonantische
     Assonanz bzw. ein vokalischer oder/und konsonantischer Halbreim.

a)   Hinter unterschiedlichen Tonvokalen bzw. Tondiphthongen (die weder einen reinen
      noch einen unreinen Reim bilden) die selbe Buchstaben- bzw. Lautverbindung,
      also mehr als nur ein Konsonant,
   ist als gute Konsonanz bekannt.

      »Das können wir sein. (a)
      Wir haben es in der Ha<u>nd</u>. (c)
      Wir werden mehr Licht sein (a)   Wortwiederholung
      und haben gerade erst bego<u>nnen</u>. (b)
      Denn wir können nur gewi<u>nnen</u>, (b)   Konsonanz
      wenn wir in Bewegung si<u>nd</u>.« (c)   Konsonanz
      (Christina Stürmer, Titel „Das können wir sein“)

      »Und wenn du mich endlich lä<u>sst</u>,   nur ein s wird gesprochen
      zeig ich dir, wie schön's hier i<u>st</u>.«
      (Christina Stürmer, Titel „Bleib hier“)

      »Das Stück Papier und diese Zei|<u>le</u> (a)
      ist mir noch von dir geblieben. (b)
      Kein großes Fina|<u>le</u>. (a)   Konsonanz
      Hast mich einfach abgeschrieben.« (b)   reiner Reim
      (Christina Stürmer, Titel „Reiß das Radio auf“)

b) Hinter unterschiedlichen Tonvokalen bzw. Tondiphthongen (die weder einen reinen
      noch einen unreinen Reim bilden) unterschiedliche, aber gleich klingende
      Konsonanten
die Lyrikwissenschaftler(innen) vielleicht noch nicht als Konsonanz erkannten.

»Wir laufen durch die Jahre
und leben den Mome<u>nt</u>,
doch merken erst viel später,
dass sie einzigartig si<u>nd</u>.«
(Christina Stürmer, Titel „Ich vermisse nichts")

c) In der Neuen Versschule steht auf der Seite 172 ›Nor<u>d</u> und Sü<u>d</u>‹ als Beispiel für
eine konsonantische Assonanz.
Auf der Seite 172 stehen weiterhin ›auf h<u>o</u>hem R<u>o</u>ss‹, ›<u>Ic</u>h l<u>ie</u>be d<u>ic</u>h.‹ als Beispiele
      für eine vokalische Assonanz.
Auch wenn das eine und andere Wort nur einen gleichen Konsonanten enthält
und auch wenn der selbe Vokal in den beiden Wörtern durch einen unterschiedlichen
      Klang auffällt
und auch wenn sich ein langer Vokal zwischen zwei kurze Vokale gesellt,
du diese Wörter für einen Reim verwenden kannst.

Warum sind die Freien Verse so beliebt?
Es doch so viele Reimmöglichkeiten gibt.

In der Neuen Versschule steht auf der Seite 171 unter dem Stichpunkt **2. Zur
Assonanz, dem Halbreim** u. a.: »Eine Formulierung wie etwa „Fülle des
Wohllauts" wird klanglich verbunden durch die sanften Fließlaute des L.«
Im Wörterbuch deutscher Assonanzen und Alliterationen gibt es nur die vokalische
      Assonanz.
Dass zwei Konsonanten, die in zwei Wörtern unterschiedlich ausgesprochen werden,
      nämlich ['fʏlə, 'voːllaʊ̯t͜s], bilden einen guten Assonanzquell,
kann ich glauben nicht ganz.
Im Wörterbuch deutscher Assonanzen und Alliterationen steht auf der Seite 9:
      »Ordnungsprinzip Nummer eins ist dabei der Klang, sind die Laute – die
      Buchstaben sind zweitrangig.«
Die Wörter ›Fülle, Wohllauts‹ passen nicht zusammen klanglich.
      (das Reimwort fand ich auf der Seite 82, Kapitel **a**, Abschnitt <u>**a**</u>**-i**,
      Stichsilbe **klang**)

In der Neuen Versschule steht auf der Seite 171 u. a.: »Es gibt nicht, wie meist angenommen, nur die Alternative *Vokale* (klingende Selbstlaute) oder *Konsonanten* (nicht selbst klingende Mitlaute wie z.B. die Verschlusslaute p, t, k). Wir verfügen auch über *Sonanten* (hörbar stimmhafte Laute, die keine Vokale sind; z.B. die Mediae b, d, g sowie n, m, w ...). Und auch diese können hörbar „anklingen" (was regelmäßig übersehen wird).«

Im DUDEN-Band 1 „Die deutsche Rechtschreibung" stehen die Pluralformen ›...diä und ...dien‹ hinter dem Stichwort **Media**.

In Metzlers Lexikon Sprache steht »Femininum (lateinisch medius ›mittel‹. Auch: Mittellaut) Terminus der antiken Grammatik zur Unterscheidung der stimmhaften Plosive [b, d, g] von den stimmlosen [p, t, k] (↗ Tenuis) und den ↗ aspirierten [p^h, t^h, k^h]; ↗ Lenis, ↗ Fortis« hinter dem Stichwort **Media**.

Was die antike Grammatik mit der heutigen Assonanz zu tun hat, ist mir unklar.

Im DUDEN-Band 4 „Die Grammatik" gibt es nicht das Wort ›Sonant‹.

Im Brockhaus steht »[lateinisch] *der,* Silben bildender Laut (z. B. [l] in ›Dirndl‹)« unter dem Stichwort **Sonant**.

In Metzlers Lexikon Sprache steht »Maskulinum (lateinisch sonāre >klingen<) (Stimmhafter) Sprachlaut in silbenkernbildender Funktion aus der Klasse der ↗ Vokale, ↗ Liquide, ↗ Laterale beziehungsweise Gleitlaute. Funktionell im Gegensatz zu ↗ Konsonant. In deutsch *ich* ist [i] somit S., in *Nation* jedoch Konsonant, in *brrr!* ist [r] S.« hinter dem Stichwort **Sonant**.

Die Frage, warum [i] in dem Wort ›Na|ti|on‹ ist ein Konsonant,
mich gerade verwirrt.

Das lange ie ist kein Diphthong, sondern ein einfacher Vokal.

In der amtlichen Regelung der deutschen Rechtschreibung kannst du es im Kapitel **A 1.1 Grundlegende Lautbuchstaben-Zuordnungen** ja nachlesen einmal. (http://rechtschreibrat.ids-mannheim.de > Regeln)

Im DUDEN-Band 4 „Die Grammatik" steht im Kapitel **3.2.2.2 Kern und Diphthonge** (Randziffer 32) u. a.: »Die öffnenden Diphthonge kommen ausschließlich in Fremdwörtern vor, beispielsweise in *Guano, Suada,* in *Region, Union, speziell, sozial* und in *Duell, Menuett.*«

In der amtlichen Regelung der deutschen Rechtschreibung man im Kapitel **A 1.8 Spezielle Laut-Buchstaben-Zuordnungen in Fremdwörtern** speziell über Diphthonge aber nichts findet.

Der Paragraph 20 lautet: »Über die bisher dargestellten Laut-Buchstaben-Zuordnungen hinaus treten in Fremdwörtern auch fremdsprachige Zuordnungen auf. In den folgenden Listen sind nur die wichtigsten angeführt.«

Viele Wörter nur im Band 1 „Die deutsche Rechtschreibung" stehen.

Viele Wörter nur im Deutschen Universalwörterbuch stehen.

Viele Wörter in beiden Büchern fehlen.

Im Deutschen Universalwörterbuch in der Tabelle **Die gebräuchlichsten unregelmäßigen Verben** einige Verben (z. B.: befleißigen, sich; dingen; dreschen; empfinden; erbleichen; erkiesen (erküren); genesen; klimmen; küren; melken; (der Ruhe) pflegen; scheren; schinden; schwellen; spinnen; spleißen; stieben; verdrießen; verschleißen; wägen; winken; wringen; zeihen) – und was die Überschrift auch schon sagt – fehlen.

Warum kann es beim DUDEN nichts Vollständiges geben?

Über ein hundertbändiges Reimlexikon vom DUDEN, das auch eine umfangreiche Liste mit guten Assonanzen enthalten sollte (Die Suche im Wörterbuch deutscher Assonanzen und Alliterationen kann mitunter lange dauern, weil sich die guten Assonanzen verstecken.), wäre ich höchst gerührt.

In Metzlers Lexikon Sprache steht der Stichpunkt »1. In der Orthophonie (= richtige Aussprache): getrennte, nicht diphthong. {im Kapitel „Abkürzungen" gibt es nicht die Abkürzungen ›diphthong., gelegentl., graph.‹} Aussprache zweier aufeinanderfolgender Vokale, in der Regel bei einer Morphemgrenze (zum Beispiel *be-inhalten, na-iv*), wird gelegentl. graph. durch ein Trema bezeichnet.« hinter dem Stichwort **Dihärese**.

Im DUDEN-Band 4 gibt es nicht die Wörter ›Diärese, Dihärese‹.

Im Deutschen Universalwörterbuch gibt es nicht die Stichwörter **Diärese, Dihärese**.

Im DUDEN-Band 1 stehen nur die Stichwörter **Diäresis, Diärese**.

Im DUDEN-Band 4 sieht man in zwei Grafiken [iɛ, iɑ, io, uɛ, uɑ] als öffnende Diphthonge und [ai, au, ɔi] als schließende Diphthonge.

In der amtlichen Regelung der deutschen Rechtschreibung stehen im Kapitel **A 1.1 Grundlegende Laut-Buchstaben-Zuordnungen** nur die Lautpaare [aɪ, aʊ, ɔʏ] (Buchstaben ei, au, eu) unter dem Stichpunkt „**(3) Diphthonge**".

In der amtlichen Regelung der deutschen Rechtschreibung stehen im Kapitel **A 1.8 Spezielle Laut-Buchstaben-Zuordnungen in Fremdwörtern** die Laute, Buchstaben und Beispiele »[øː] eu adieu, Milieu; häufig in den Suffixen -eur, -euse: Ingenieur {der Diphthong ist hier [i̯øː]), Souffleuse / [oa] oi Memoiren, Repertoire, Reservoir, Toilette«

Dass [i̯øː], [oa] keine nicht diphthongische Dihärese, Diäresis oder Diärese ist, sondern dass das öffnende Diphthonge sind, die im lückenhaften DUDEN-Band 4 fehlen, ich wette.

Und die Vokalfolge yie [yːjə] in dem Wort ›Harpyie [harˈpyːjə]‹ vervollständigt bestimmt immer noch nicht die Diphthongenkette.

Nicht ohne Grund
gehe ich der Sache auf den Grund.
Ohne die fremdsprachigen öffnenden Diphthonge und die Dihärese kommt kein Endsilbenreim aus dem Mund.

Die Antwort auf die Frage, ob ›iu‹ in den Wörtern ›Blasius, Genius, Sozius‹ oder ›ee‹ in
den Wörtern ›ideell, reell‹ eine Dihärese ist oder ein Diphthong,
kommt aus welchem Knallbonbon?

Im dtv-Atlas Deutsche Sprache steht auf der Seite 107: »Die Schreibung änderte sich
nicht, das *e* wurde als Längeanzeiger angesehen, das in dieser Funktion später auch
bei Wörtern auftritt, wo nie ein Diphthong *ie* vorhanden war (z. B. {Die Abkürzung
›z. B.‹ steht nicht im „Verzeichnis der Abkürzungen und Symbole".}
mittelhochdeutsch nider > nieder).«
Ist ›ie‹ ein langer einfacher Vokal, wie es in der amtlichen Regelung der deutschen
Rechtschreibung (die Grundlage des DUDEN-Band 1 „Die deutsche
Rechtschreibung") steht, oder geht hier ein anderer hervor als Sieger?

3.21 Gleiche betonte oder unbetonte Endsilben

Es reimen sich nicht nur Wörter ab dem letzten betonten Vokal,
sondern auch die unbetonten Endungen untereinander sind für Reime ein Arbeitsmaterial.
Versuche folgende Beispiele einmal:

a) alle Wörter mit der betonten oder unbetonten Endung -eit [-aɪt],
    (Im Reimlexikon von Günter Pössiger umfassen die Reimgruppen – **eit (ait),**
    – (h)eit (ait), – (k)eit (ait), – (amk)eit (a:mkait), – (ark)eit (a:rkait),
    – (ichk)eit (i-chkait), – (eiflichk)eit (aifli-chkait), – (ichtlichk)eit (i-chtli-chkait),
    – (ümlichk)eit (ü:mli-chkait), – (igk)eit (i-chkait), – (artigk)eit (a:rti-chkait),
    – (eligk)eit (e:li-chkait), – (eutigk)eit (oiti-chkait), – (osigk)eit (o:si-chkait)
    sechseinhalb Seiten.)

b) alle Wörter mit der betonten oder unbetonten Endung -el [-ɛl],

c) alle Wörter mit der betonten oder unbetonten Endung -eln oder -elln [-ɛln],

d) alle Wörter mit der betonten oder unbetonten Endung -elt oder -ellt [-ɛlt],

e) alle Wörter mit der unbetonten Endung -elter oder der betonten Endung
    -ellter [-ɛltɐ],

f) alle Wörter mit der betonten oder unbetonten Endung -end [-ɛnt],

g) alle Wörter mit der unbetonten Endung -er [-ɛr],

h) alle Wörter mit der betonten oder unbetonten Endung -ern [-ɛrn],

i) alle Wörter mit der betonten oder unbetonten Endung -ert [[-ɛrt],

j) alle Wörter mit der unbetonten Endung -es [-ɛs],

k) alle Wörter mit der betonten Endung -ett oder mit der unbetonten Endung -et [-ɛt],

l) insbesondere alle Wörter mit der unbetonten Endung -tet [-tɛt],

m) insbesondere alle Wörter mit der unbetonten Endung -stet [-stɛt],

n) alle Wörter mit der betonten oder unbetonten Endung -ich [-ɪç],

o) alle Wörter mit der unbetonten Endung -ig [-ɪç], (landschaftlich oder ausnahmsweise
    mal betont:) [-ik],

p) alle Wörter mit der betonten Endung -iege [i:gə] oder der unbetonten Endung
    -ige [igə],

q) alle Wörter mit der betonten Endung -igen [-i:gn] oder der unbetonten Endung
    -igen [-ign],

r) alle Wörter mit der betonten Endung -iger [-i:gɐ] oder der unbetonten Endung
    -iger [-igɐ],

s) alle Wörter mit der betonten oder unbetonten Endung -ing [-ɪŋ],
    (viele solche Substantive stehen im Reimlexikon)

t) alle Wörter mit der betonten oder unbetonten Endung -is [-ɪs],
    (viele solche Substantive stehen im Reimlexikon)

u) alle Wörter mit der betonten oder unbetonten Endung -isch [-ɪʃ],
    (viele solche Wörter stehen im Reimlexikon)

88

v)   alle Wörter mit der betonten oder unbetonten Endung -ung [-ʊŋ],
      (viele solche Substantive stehen im Reimlexikon)
w)   alle Wörter mit der betonten oder unbetonten Endung -us [-ʊs].
      (viele solche Substantive stehen im Reimlexikon)
Aber es reimen sich nicht alle Verben nur durch die Infinitivendung -en.

Reimt sich nicht ›je größer‹
auf ›desto schwerer‹?

Na ja, die Endung -er sollte man wohl besser wegnehmen.
Aber über alle anderen Beispiele muss man unbedingt einmal reden.

Im Reimlexikon von Günter Pössiger umfasst fünf Seiten die Reimgruppe – **ung (uŋ)**.
Und das, obwohl man bei der reinen Reimung
für diese Wörter hat gar keine Verwendung.
Und ich spreche die meisten Wörter auch noch anders aus, nämlich in der Lautschrift
      [...ʊnk].

Warum müssen Reimgruppen immer mit einem Vokal beginnen?
In dem Wort ›Endsilbenreim‹ doch schon steht,
dass es hier um Silben geht.
Mit Reimgruppen, die mit einem Konsonanten beginnen,
wie z. B. ›-tet‹,
in der stehen würden z. B. die Wörter ›war|tet, be|tet, soll|tet, zugemu|tet‹,
oder ›-bar‹,
in der stehen würden z. B. die Wörter ›aus|sprech|bar, er|kenn|bar‹,
oder ›-schaft‹,
in der stehen würden z. B. die Wörter ›Ge|sell|schaft, Mit|glied|schaft‹,
könnten wir noch mehr gute Reimmöglichkeiten gewinnen.

»Wann eintrifft die Treffende,
Die nichtzubezweifelnde,
Erniedernde, erhöhende;«
(Friedrich Rückert, „Der Koran“, 56. Sure, Vers 1–3)

3.22 Die unbetonte Endung -ig wird als [ik] ausgesprochen

Die unbetonte Endung -ig muss nicht in der Lautschrift [ɪç], sondern kann auch in der
   Lautschrift [ik] ausgesprochen werden, so dass sich zum Beispiel ›rührig‹
reimt auf ›Lyrik‹.

Im DUDEN-Band 6 „Das Aussprachewörterbuch" steht für die Endung -ig immer die
   Lautschrift [ɪç],
zum Beispiel hinter dem Stichwort **vierzig** die Lautschrift ['fɪrʦɪç].
Aber weil in der „Amtlichen Regelung der deutschen Rechtschreibung" im Unterkapitel
   2.2 Auslautverhärtung und Wortausgang *-ig* die Einzelthemalektion (Was könnte
   das ›E‹ sonst bedeuten?) »„**E:** In einigen Sprachlandschaften wird *-ig* mit [k]
   gesprochen; dann gilt § 23.« steht, ist auch die Lautschrift ['fɪrʦik] richtig.

Wenn du von der üblichen Aussprache möchtest abweichen,
musst du das mit einer Lautschriftanmerkung hinter dem Reimwort kennzeichnen.

3.23 Getrenntschreibung durch die Rechtschreibreform

Ehemalige Wörter, die nach der neuen Rechtschreibregelung getrennt geschrieben werden
   sollen und dementsprechend Wortgruppen sind, und Wortgruppen, die nach der neuen
   Rechtschreibregelung auch zusammengeschrieben werden können, bilden keinen
   identischen Reim, sondern reimen einfach rein sich.
Und das muss in einem Reimlexikon in Form von auch enthaltenen Wortgruppen sein
   ersichtlich.
Zum Beispiel reimen sich so die Wortgruppen ›bekannt machen,
bereit machen,
fein machen,
fertig machen,
frei machen,
frisch machen,
gerade machen,
glatt machen,
Halt machen,
kaputt machen,
krank machen,
locker machen,
rein machen,
scharf machen,
schlank machen,
schön machen‹.

3.24 Wortgruppen, die eine Einheit darstellen

Wortgruppen, die eine Einheit darstellen und mit dem selben Wort enden, bilden keinen
  identischen Reim, sondern reimen einfach rein sich.
Und das muss in einem Reimlexikon in Form von auch enthaltenen Wortgruppen sein
  ersichtlich.

Von Jahr zu Jahr wird es mir besser gehen.
Niemals wird es mir gut gehen.

Diese Wortgruppen reimen sich genauso, wie sich ›hochgehen‹
reimt auch ›weggehen‹.

3.25 Gesungen sich fast rein reimend klingend

Manche Wörter, zum Beispiel einen langen und einen kurzen Reimvokal, was ein unreiner
  Reim ist, oder eine Konsonantenhinzufügung am Ende (zum Beispiel -auf und -auft,
  -ich und -icht, -eich und eicht, -uch und -uchs) oder einen Konsonantentausch nach
  dem Reimvokal (Assonanz) oder einen leichten Reim, kann man beim Singen
bei den Vokalen durch eine unnatürliche gleiche Aussprache, was dem Hörer meistens
  wahrscheinlich gar nicht auffällt, bei den Konsonanten durch eine kaum hörbare
  Aussprache und bei Verben durch das Weglassen des Endungs-e oder der gesamten
  Endung -en sich fast rein reimend lassen klingen.

»Die Zeit ist reif
für ein bisschen Zärtlichkeit.«
(Nena, Titel „Irgendwie, irgendwo, irgendwann“)

»Und jeder Tag ist wie ein Neubeginn,
wenn sie auf der Suche sind.«
(Christina Stürmer, Titel „Das können wir sein“)

»Kein Weg ist zu lang (a)
in dieser schnellen Zeit. (b)
Wir kommen zusammen – (a)   Assonanz, weil ›zusamm'‹ gesungen
es ist nicht mehr weit. (b + c)   reiner Reim
Lichtjahre entfernt.
Wir mussten lernen, wir selbst zu sein. (d)   d: Assonanz
Und das ist nicht mehr weit.« (c + d)   c: binnenstrophiger Kehrreim
(Christina Stürmer, Titel „Nicht mehr weit“)

»Und ich würde so gern (a)
diese Leichtigkeit lernen, (a)   reiner Reim, weil ›lern'‹ gesungen
mit der du Berge versetzt, (b)

mit der du ruhig und bestimmt
an jeden anderen denkst
und an dich selber zuletzt.« (b)   reiner Reim
(Christina Stürmer, Titel „Stille Helden")

»Lass uns nicht versuchen, genau wie sie zu s<u>ein</u>. (b)
Es ist Zeit zu widersprechen,
Zeit, dass wir mal schr<u>eien</u>.« (b)   reiner Reim, weil ›schrein‹ gesungen
(Christina Stürmer, Titel „Ein Leben lang")

»Du würdest alles <u>geben</u>, (a)
deine Hoffnung, dein Blut, deine Seele, dein L<u>eben</u>, (a)
um nicht der zu sein, über den ihr gel<u>acht</u> (b + d) h<u>abt</u>, (c + d)
sondern der, der's auf Seite eins gesch<u>afft</u> (b + e) h<u>at</u>.« (c + e)
(Christina Stürmer, Titel „Seite eins")
a: reiner Reim
b: Assonanz
c: unreiner Reim + Assonanz, gesungen sich fast rein reimend klingend
d: unreiner Reim + Assonanz, Schlagreim
e: Assonanz, Schlagreim

»Denk nicht an mich, wenn du denkst,
dass es richtig ist zu gehen.
Und du glaubst, es ist gut,
wenn wir uns nicht wieder ... (a)
Sehen wir uns wieder (a)   Wortwiederholung
irgend wann (b)
und fangen ganz von vorne an ...? (b)
Deine Seite ist der einzige
Ort, an dem ich atmen ...

Kann (b) es sein, es ist niemals vorbei ...? (c)   b: reiner Reim
Mir dreht sich alles im Kreis. (c)   Assonanz
Mir ist es egal, wenn du gehst! (d)
Ist es egal, wenn du gehst? (d)   Wortwiederholung

Warum dreht sich mein Herz im Kreis? (a)
Warum bin ich ohne dich nicht frei? (b)
Warum weiß ich, es gibt keine Hoffnung für uns zwei? (b) reiner Reim
Warum lieb ich und hass ich dich zugleich? (a)   Assonanz

Denk nicht zurück an die Zeit,
denn wir brauchen sie nicht mehr. (a)
Komm, wir nehmen all die Jahre
und ertränken sie im Meer ... (a)   reiner Reim
... ist uns beiden nicht geblieben, (b)
nur die Briefe in meiner Hand, (c)
um sie ganz weit wegzuschließen, (b)   Assonanz
weil ich sie nicht verbrennen ...

Kann (c) es sein, es ist niemals vorbei ...? (a)   c: Assonanz
Dir war ich so unendlich frei. (a)   reiner Reim
Dir ist es egal, wenn ich geh. (b)
Ist es egal, wenn ich geh? (b)   Wortwiederholung

Warum fühlt es sich so <u>an</u>, (a)   unreiner Reim + Konsonanz,
als ob wir hier schon einmal <u>waren</u>?« (a)   weil ›war'n‹ gesungen
(Christina Stürmer, Titel „Im Kreis")

»wenn wir uns nicht wieder ... Sehen wir uns wieder« ist keine Versbrechung,
sondern für einen gebrochenen, identischen Reim eine Versverschmelzung..
»Ort, an dem ich atmen ... Kann es sein, es ist niemals vorbei ...?« ist keine
        Versbrechung,
sondern eine Vers- und Strophenverschmelzung.
»weil ich sie nicht verbrennen ... Kann es sein, es ist niemals vorbei ...?« ist keine
        Versbrechung,
sondern eine Vers- und Strophenverschmelzung.
Weil das Wort ›Meer‹ am Ende des ersten Verses am Anfang des folgenden Verses
        ›mehr‹ bedeutet, ist das noch eine Steigerung.

4   Klassifizierung von Reimen nach ihrer morphologisch-lexikalischen Struktur (Aufteilung der Reimsilben)

4.1 Gespaltener Reim (Spaltreim; vokalischer Halbreim)
Man kann ein Reimglied auf zwei oder mehr Reimglieder aufteilen,
zum Beispiel ein Pronomen abschneiden.
Die gespaltenen Reime im Gegensatz zu den Doppel- und Mehrfachreimen
nur einen Hauptakzent aufweisen.

> Wie ein Dichter spricht er.

> Etwas ganz Unscheinbares war es.

> Er hat vor nichts Angst, auch nicht vor Geister,
> deshalb „Räuber Fürchtenix" heißt er.

> Der Junge hat einen kranken Körper,
> weil auf seine Mutter nicht hört er.

Im Lexikon lyrischer Formen steht die Erklärung »Von einem v.en H. spricht man, wenn in einem → Doppelreim nur der erste der beiden reimenden Vollvokale betont ist, der zweite also in der Senkung steht. Dies ist vor allem beim → Gespaltenen Reim der Fall.« unter den Stichwörtern **Vokalischer Halbreim**.
Warum muss der Querverweis › → Doppelreim‹ hier verwirrend sein?

4.2 Gebrochener Reim
Man kann auch ein Wort aufteilen
und es schreiben
auf zwei Zeilen.

> »Er bleibt im Trench-
> coat der gleiche Mensch.«

> »Jeder weiß, was so ein Mai-
> käfer für ein Vogel sei.«
> (Wilhelm Busch, „Max und Moritz")

4.3 Augenreim

Hier reimen sich die Wörter nicht artikulatorisch,
sondern nur orthographisch.
Zu den Augenreimen gehören auch die Wörter, die sind ↑homographisch
oder ↑historisch..

> Sehr lange
> war bis zu dir unterwegs diese Orange.

> Dieser Gag
> passt nicht in den Vertrag.

Bei einmal einem langen und einmal einem kurzen Reimvokal ist der Augenreim
gleichzeitig ein unreiner Reim.

> „Ich krieg ihn nicht mehr hoch.“
> „Doch!“

4.4 Grammatikalischer Reim (grammatischer Reim, Stammreim)

Hier werden Wörter verbunden, deren Reim sich beschränkt auf des selben Wortstammes
    Umfang
oder auf unterschiedliche Flexionsendungen bei gleichem Wortanfang,
ohne Rücksicht auf Gleichklang.
Es wäre ein reiner Reim, wenn sich die unterschiedliche Flexion beschränkt auf den
    Wortanfang.

> »Es ist eine Schande,
> sie so zu schänden.«

> Bis zu dem Tag sie mich liebte.
> Jetzt kann sie mich nicht mehr lieben.

4.5 Umgekehrter Reim

Der umgekehrte Reim ist eine Mischung aus grammatikalischem und Schüttelreim.
Er reimt Wörter, in die eine Buchstabenvertauschung kam hinein.

> »wundern / wurden
> verkümmere / verkrümme«

4.6 Zwillingsreim

Nach Günter Nehm: Eine Mischform aus gleichlautendem, mehrsilbigem und
gespaltenem Reim ist der Zwillingsreim.
Er reimt das gleiche Buchstabenmaterial, das unterschiedlich aufgeteilt hat das
Schneiderlein.

»Böse Diebe klauten Waren,
Böse die Beklauten waren.«
(G. Nehm)

4.7 Vexierreim

Der Vexierreim lässt ein naheliegendes Reimwort erahnen,
um dann mit einem anderen Wort (z. B. mit einer unsauberen Alliteration) überraschend
zu spaßen.

»Nun geht es los mit ganz großen Schritten.
Der Erwin fasst der Heidi von hinten an die Schulter.«
(„Polonäse Blankenese" von Werner Böhm, alias Gottlieb Wendehals)

5   Klassifizierung von Reimen nach der Reimfolge am Versende (Strophenform)

Weil man mit der Reimprosa selten Gedichte,
sondern hauptsächlich Berichte
schreibt,
dieses Büchlein nur die wichtigsten Strophenschemen kurz zeigt.

5.1 Paarreim (Plattreim)
Der Paarreim ist das einfachste, aber nicht das häufigste Reimschema [raɪm'ʃeːmɐ].
Bei Vierzeilern ist der Paarreim ungleich seltener als der Kreuzreim, weil Paarreime als
    Zweizeiler in der Regel sind angenehmer ['angəneːmɐ].
Versgeschichtlich löste der Paarreim den Otfriedschen binnengereimten Langvers ab und
    schon bald war auch der Kreuzreim ein umschwärmtes Thema ['teːmɐ].

    ›aa bb cc ...‹

5.2 Dreireim (Dreiversgruppe)
Ein einfacher Endreim ist der Paarreim.
Wenn noch ein dritter Reimvers hinzukommt, haben wir einen Dreireim.

    ›aaa‹

Im Lexikon lyrischer Formen steht unter dem Stichwort **Dreireim** (der Duden Korrektor
    PLUS unterstreicht dieses Wort als falsch geschrieben): »In Parallele zum
    → Paarreim spricht man von einem D., wenn drei Endreime unmittelbar
    aufeinanderfolgen: [...]«
Das sieht nur auf den ersten Blick falsch aus, nämlich nach ›aabbcc‹, aber tatsächlich die
    erste Zeile mit der zweiten Zeile, die erste Zeile mit der dritten Zeile und die zweite
    Zeile mit der dritten Zeile zusammenstehen sollten.

Unter Endreim versteht man den Gleichklang am Versende.
Deshalb wäre es verständlicher, wenn der Dreireim drei Endreimverse miteinander
    verbände.

Im DUDEN-Band 4 „Die Grammatik" gibt es im Kapitel „4.4.5 Liste starker/
    unregelmäßiger Verben" (Randziffer 704) nicht den Infinitiv ›verbinden‹,
aber ohne Präfix den Infinitiv ›binden‹.
Wer sich nicht regelmäßig mit dem DUDEN beschäftigt, wird ihn womöglich nicht finden.

5.3 Ritornell (Waisenterzine)

Verbindet man ein Reimpaar mit einer Waise zu einem Dreizeiler, hat man ein Ritornell.
Drei Möglichkeiten gibt es als Modell,
wobei das erste das häufigste ist generell.

›awa‹ oder ›aaw‹ oder ›waa‹

Wenn ich eine Waise zwischen ein Reimpaar schiebe,
habe ich eine Waisenterzine.

›awa‹

5.4 Kettenreim (Terzinenreim, Terzine, Terzarima; äußerer Reim)

a) Die fortlaufende Verbindung von Verszeilen durch Endreim (aba bcb cdc ded …)
wird bezeichnet als **äußerer Kettenreim**.

Die Terzine ist die Steigerungsform der Waisenterzine.
Sie entsteht, wenn ich zur Waise in dieser Strophe einen passenden Paarreim nehme
und mit ihm die Waise in der nächsten Strophe einschließe.
Damit die letzte Waise nicht einsam dasteht, ich das Gedicht mit einem zusätzlichen,
separaten Vers oder mit einem Kreuzreim als letzte Strophe abschließe.

»Auf halbem Weg des Menschenlebens fand (a)
ich mich in einen finstern Wald verschlagen, (b)
Weil ich vom rechten Weg mich abgewandt. (a)

Wie schwer ist's doch, von diesem Wald zu sagen, (b)
Wie wild, rauh, dicht er war, voll Angst und Not; (c)
Schon der Gedank' erneuert noch mein Zagen. (b)

Nur wenig bitterer ist selbst der Tod; (c)
etc.« (W)
(Dante, in „Die göttliche Komödie")

b) Die Reimverkettung von Versanfang, Versinnerem und Versende (a .. b .. a / c .. b .. c)
wird bezeichnet als **innerer Kettenreim**.

Schnee (a) bedeckt (b) den Klee. (a)
Das Rehkitz (c) entdeckt (b) einen Kiebitz. (c)

c) In der Kleinen deutschen Versschule steht auf der Seite 92:
>»Beim KETTENREIM sind fortlaufend das Wort am Zeilenende und ein Wort im
>Innern der nächsten Zeile durch den Reim verbunden, wie etwa in folgenden
>Versen Fr. Schlegels:
>
>Wenn langsam Welle sich an Welle schließet, (a)
>Im breiten Bette fließet (a) still das Leben, (b)
>Wird jeder Wunsch verschweben (b) in den einen.«

Das ist eine Verkettung von Mittenreimen.

5.5 Haufenreim (gehäufter, fortgesetzter Reim, Reimhäufung, Einreim, Reihenreim, Tiradenreim)

Beim Haufenreim mehr als drei Verse den gleichen Reim aufweisen.
Mit einem großen Reimlexikon kannst du hier deine Gedanken lassen kreisen
und schreiben
und schreiben
und schreiben.

>›aaaaaa...‹
>›aaaa bbbb cccc ....‹

5.6 Kreuzreim (Wechselreim; alternierender Reim)

Beim Kreuzreim werden zwei Paarreime verschränkt.
Den meisten Strophen wird die Form des Kreuzreims geschenkt.

>›abab cdcd efef ...‹

5.7 Umarmender Reim (umfassender, umrahmender, umschlingender, umschließender Reim; Blockreim, Klammerreim, Schachtelreim)

Der umarmende Reim verleiht einer Strophe eine größere Geschlossenheit.
Ebenso wie der Paarreim und der Kreuzreim erfreut er sich einer enormen Beliebtheit.

>›abba cddc effe ...‹

5.8 Schweifreim (geschweifter Reim; Zwischenreim, Schweifreimstrophe)
Folgt auf einen Paarreim eine Zeile, die sich auf die Zeile nach dem nächsten Paarreim
    reimt,
werden die beiden Paarreime miteinander verleimt.

›aa b cc b dd e ff e …‹

Die Reime müssen nicht separat, mit Leerzeilen voneinander getrennt stehen.
Oft kann man alles als eine Einheit sehen.

›aabccb ddeffe‹

Eine Strophe mit sechs Zeilen
will man als Schweifreimstrophe bezeichnen.
Die Paarreime können auch den selben Endreim aufweisen.

›aabaab‹

5.9 Körnerreim (Körner, Korn, Kornreim)
Reimt sich ein Vers nicht mit einem Vers in der selben Strophe, sondern mit einem Vers in
    der nächsten Strophe oder jeweils mit einem Vers in weiteren Strophen, was die
    Strophen miteinander verschlingt,
dann das einen Körnerreim hervorbringt.
Im Meistersang diese Reimform häufig mitschwingt.

›aakbb cckdd‹

5.10 Unterbrochener Reim (halber Kreuzreim)
Beim unterbrochenen Reim reimende und nicht reimende Verse meist regelmäßig
    wechseln.
Häufig Volkslieder, aber auch z. B. Gedichte von Heine und Storm solche Strophenformen
    flechten.

Waise
a
Waise
a

Waise
b
Waise
b

5.11 Verschränkter Reim (erweiterter Kreuzreim)

Der verschränkte Reim ist ein erweiterter Kreuzreim, bei dem nicht nur zwei, sondern drei
 oder mehr Reimpaare über Kreuz miteinander sind verbunden, ›verschränkt‹.
Das Spektrum sich nicht nur auf folgende Schemen beschränkt.

›abcabc‹ oder ›abc abc‹

›abcdabcd‹ oder ›abcd abcd‹ oder ›abc d abc d‹

›abcbac‹

5.12 Ghasel

›aa-wa-wa-wa usw.‹ ist das Reimschema.
Das ›w‹ steht für eine Waise da.

»Das Ghasel

Es wandte meine Kunst sich zum <u>Ghasele</u>,   a
Damit sie allen Formen sich <u>vermähle</u>.   a
Ergötzlich ist solch bunte Reimerei,   w
Ob auch des Lebens markiger Kern ihr <u>fehle</u>;   a
Die Wandrung selbst bereichert schon den Geist,   w
Ob er auch nirgends plündre oder <u>stehle</u>.   a
Hier lernt, wie tönender Musik zulieb   w
Die Sprache sich in mancher Krümmung <u>quäle</u>   a
Und, von des Gleichklangs strenger Schrift beherrscht,   w
Seltsame Bilder halb gezwungen <u>wähle</u>.   a
Des Künstlers Kunst und Fassung leihet oft   w
Den Wert dem minder kostbaren <u>Juwele</u>.   a
Euch fleh ich an, o Richter, richtet mild,   w
Weil ich ja selbst die Schwächen nicht <u>verhehle</u>,   a
Und unter dieses bunten Turbans Schmuck   w
Verkennet nicht die echte <u>Christenseele</u>.«   a

(1. steht so als ein Beispiel von Gustav Pfizer auf der Webseite
    http://de.wikipedia.org/wiki/Ghasel.

2. steht mit vier kleinen Unterschieden (Den Wert, oh, milde, verhele) als ein Beispiel
    von Friedrich Rückert auf der Webseite
    http://www.dielyriker.de/wikidielyriker/index.php/Ghasel)

5.13 Radif (Spezialfall des Ghasels)

Verbindet man das Ghasel mit dem Überreim,

kommt der, die oder das Radif (unterstreicht der Duden Korrektor PLUS sogar als falsch
geschrieben) zum Vorschein.

»Wenn du sammelst goldne <u>Tauben</u> <u>ein</u>,	a
Hüllen Reben dich in <u>Lauben</u> <u>ein</u>;	a
Wenn am Hügel dich umfängt der Schlaf,	w
Girren dich verliebte <u>Tauben</u> <u>ein</u>;	a
Wenn du liebst, so stellen Engel sich,	w
Die der Sorge dich <u>berauben</u>, <u>ein</u>;	a
Da die Weisheit mühevoll du fandst,	w
Büßtest doch du nicht den <u>Glauben</u> <u>ein</u>.«	a
(August von Platen)	

5.14 Reimbrechung

Gehören die beiden Reimwörter verschiedenen Sätzen an, sodass das Reimschema und die
syntaktische Gliederung gegeneinander sind verschoben,

werden als Reimbrechung bezeichnet diese Formationen.

Um der Gefahr der Monotonie bei Paarreimen zu begegnen, findet man die Reimbrechung
als Stilmittel vor allem bei mittelhochdeutschen Strophen.

»Sâ neic ich der schoenen dô.
ich wart an mînem lîbre frô

dâ von ir saluieren.
si bat mich ir tschantiren
(…)«
(Der Tannhäuser, Der Winter ist zergangen)

5.15 Reimresponsion (Reimkorrespondenzen, Reimwortresponsion)

Reimresponsionen bestehen aus Reimkorrespondenzen zwischen einzelnen Strophen oder
Strophenteilen, die den im Reimschema angelegten Klangwiederholungen weitere
hinzufügen.

Vor allem in der höfischen Liedkunst des Mittelalters und im Meisterlied brachten sie
Vergnügen.

Korrespondenzen zwischen ganzen Reimwörtern (identische Reime)
Reimwortresponsionen herbeiführen.

»Owê,	a
Sol aber mir iemer mê	a
geliuhten dur die naht	b
noch wîzer danne ein snê	a
ir lîp vil wol geslaht?	b
(…)	
Owê,	a
Sol aber er iemer mê	a
den morgen hie betagen?	c
als uns diu naht engê,	a
daz wir niht durfen klagen:	c
(…)«	
(Heinrich v. Morungen)	

5.16 Kehrreim (frz.: Refrain, Rahmenreim, Ringkomposition)

Die Wiederkehr einer identischen Zeile am Schluss einer Strophe oder der selben Strophe
zwischen weiteren Strophen ist das auffällige Gliederungsmerkmal.
In der Popmusik wird der Refrain am Schluss des Songs häufig wiederholt elfmal.

Es gibt nicht nur den am Ende von Strophen Endkehrreim.
Der selbe Vers am Anfang von Strophen wird bezeichnet als Anfangskehrreim.
Der selbe Vers innerhalb verschiedener Strophen wird bezeichnet als Binnenkehrreim.
Der selbe Vers nur in jeder zweiten, dritten oder vierten Strophe oder die selbe Strophe in
Abständen immer wieder wird bezeichnet als periodischer Kehrreim.
Der selbe Vers mehrmals in nur einer Strophe wird bezeichnet als binnenstrophiger oder
innerstrophiger Kehrreim.
Wird der erste Vers einer Strophe am Ende der selben Strophe wiederholt, wird das
bezeichnet als Rahmenreim.

Ist die Wiederholung wörtlich, wird das bezeichnet als fester Kehrreim.
Wird der Wortlaut bei der Wiederholung verändert, um den Refrain so dem jeweiligen
Inhalt anzupassen, wird das bezeichnet als flüssiger Kehrreim.

Die Ringkomposition ist eine Wiederholungsfigur, in der ein Text (meistens freie Verse)
fließt
und bei der der Anfang wörtlich oder variiert am Schluss wiederkehrt, sodass sich der
Kreis schließt.

»Kulisse

Regen –
Regen rauscht auf dem Rummel.
Das Glücksrad verliert seine Farbe,
der Würfelbecher wird klebrig;
in der Schießbude schlafen die Schüsse.
Wills keiner mehr wagen?
Will keiner mehr würfeln?
Will keiner mehr drehn?
Regen –
Regen rauscht auf dem Rummel.«
(W. Schnurre)

6   Aus dem Rahmen fallende Verse

6.1 Waise
Waisen
sind reimlose (gleichsam ›verwaiste‹) Verszeilen,
die man in Strophen findet bisweilen.

>   »Codo, der Lütte. (a)
>   Aus der Sternenmitte (a, b)   unreiner Reim
>   bin ich der Dritte (b)   reiner Reim
>   von Links.«   Waise
>   (DÖF, Titel „Codo“)

>   »Das ist gefährlich! (a)
>   Lebensgefährlich! (a)   reiner oder identischer Reim, Ansichtssache
>   Zu viel Gefühl!«   Waise
>   (Ideal, Titel „Blaue Augen“)

6.2 Flickvers
Der Flickvers fällt inhaltlich aus dem Rahmen, er nur für einen Reim oder zur Erfüllung
eines bestimmten Reim- oder Strophenschemas da ist.
Deshalb wird er angesehen als Mist.

>   Das Austauschen von Padstegs – besonders schnell verdrecken die spitzenmäßig
>   haftenden Silikon-Padstegs (Das Wort hatte ich vorher im DUDEN-Band 3 „Das
>   Bildwörterbuch“ nachgeschlagen. Dass ich das Wort kannte, war für die
>   Optikerin bestimmt beeindruckend, als ich sie nach der Erfüllung eines
>   Wunsches, nämlich nach größeren Padstegs, weil die jetzigen auf dem
>   Arbeitsschweiß die Brille nicht halten, wollte fragen.) – ist vom Optiker ein
>   kostenloser Service.
>   (aufschreibenswürdiger Gedanke)
>   Mit den neuen, großen, farblosen Silikon-Padstegs sehe ich aus wie Elvis.
>   (Flickvers; unreiner Reim + Assonanz oder klangmäßig gleiche unbetonte
>   Endsilben + rührender Reim)

7   Alliteration und Stabreim (Anreim, Lautreim, Buchstabenreim)

Bei der Alliteration darf man nicht nur daran denken, dass der Anfangslaut der betonten Stammsilben gleich ist, wie wir es vielerorts lesen, sondern es gibt noch einen Paragrafen.

Im Wörterbuch deutscher Assonanzen und Alliterationen steht auf der Seite 23:
»Es ist darauf zu achten, dass für saubere Alliterationen z. B. nur **b** mit **b**, **bl** mit **bl**, **tr** mit **tr** gepaart wird. So ist etwa *Tipps* und *Trends* keine saubere Alliteration; sauber wären etwa *Tricks* und *Trends*, *Trends* und *Trümpfe* oder *Terms* und *Tipps*. Unsauber: *stehlen* und *strafen*, sauber: *straucheln* und *strafen*.«

In der Kleinen deutschen Versschule haben auf den Seiten 81, 95 die gleiche Bedeutung die Wörter ›Stabreim, Alliteration‹.

In der Neuen Versschule haben auf den Seiten 143f. die gleiche Bedeutung die Wörter ›Anlautreim, Stabreim, Alliteration‹.

Im Wörterbuch deutscher Assonanzen und Alliterationen haben auf der Seite 20 die gleiche Bedeutung die Wörter ›Stabreim, Alliteration‹.

Im Lexikon lyrischer Formen steht, dass sie die älteste bekannte Reimart ist, bei der im Gegensatz zum Endreim die Wortanfänge übereinstimmen, dass man in der Metrik der germanischen Versdichtung vom Endreim spricht und dass sie kein spezifisches Formelement der Lyrik darstellt, sofern sie nicht verskonstruierend ist wie beim germanischen Stabreim, sondern nur als Klangfigur gebraucht wird, unter dem Stichwort **Alliteration**.

Bei Wikipedia steht, dass der Stabreim einen Sonderfall darstellt, nämlich den alliterativen Vers, und dass sie historisch gesehen vor allem in freier Form auftritt, auf der Seite **Alliteration**.

Bei Wikipedia stehen die Formen
- Tautogramme sind Sätze, bei denen jedes Wort mit demselben Buchstaben anfängt.
- Werbung und Medien: ›Mars macht mobil, Klinsi-killt-King-Kahn, Geiz ist geil, Donald Duck, Mickey Maus, Happy Hippos‹
- pointierte Wendungen: ›Land und Leute, veni vidi vici‹
- poetische/literarische Texte: ›Röslein, Röslein, Röslein rot‹
- antike Dichtung und Rhetorik
- als Stabreim in der germanischen Dichtung
- finnische Dichtung und Rhetorik (z. B.: Kalevala)
- germanisierende Versuche im 19. Jh. u. a. bei Wilhelm Jordan und Richard Wagner
- kapitelweise Alliteration im Roman „Waldwärts" von Jens Sparschuh (2004)
- Gedichtsammlung, die aus einem Gedicht pro Buchstabe und ausschließlicher Alliteration besteht von Alex Dreppec (2003)
- phraseologische Zwillingsformeln in der Alltagsrhetorik: ›frank und frei, klipp und klar‹
- innerhalb eines Wortes: ›Wirrwarr, Schnickschnack‹

auf der Seite **Alliteration**.

In Metzlers Lexikon Sprache steht, dass sie sich auf die starke Anfangsbetonung der
italischen, kelt. {im Kapitel „Abkürzungen" gibt es nicht die Abkürzungen ›kelt.,
metr.‹}, germanischen Sprachen gründet, dass sie in der metr. geregelten Form des
Stabreims ältestes Formprinzip der germanischen Versgliederung ist und dass sie im
Neuhochdeutschen noch in folgenden Formen erkennbar ist:
– Zwillingsform: ›auf Biegen und Brechen‹
– Werbeslogans: ›Milch macht müde Männer munter, Metzler macht Musik‹
– Filmtitel: ›Manche mögen's heiß‹
– Buchtitel: ›Bauern, Bonzen und Bomben‹ von H. Fallada
– Zungenbrecher: ›Fischers Fritze...‹
– Nonsens-Verse und Poesie
hinter dem Stichwort **Alliteration**.

Im Brockhaus steht die Erklärung »[lateinisch] *die,* gleicher Anlaut aufeinanderfolgender
Wörter (germanischer Stabreim).« und stehen die Links
– Metrik (Übersicht)
– Dróttkvætt
– Reim
– Wagner und das Musikdrama
– Edda
– Anlaut
– Jordan *Wilhelm*
– Schwellvers
– Stabreim
– Skaldendichtung
– Mit Zittern und Zagen
– Beowulf (Werkbeschreibung)
– Italiker: Wolf, Specht, Stier
– Gallehus
– Hildebrandslied
– babylonisch-assyrische Literatur: Entfaltung der Überlieferung – Die Dichtung
– Das Zeitalter der Angst (Werkbeschreibung)
– griechische Schrift
– Leib und Leben wagen (auch: einsetzen; riskieren)
– Inlaut
– Spruchdichtung
– Spiritus *griechische Grammatik*
– Der Rubel rollt
– Verlaine *Paul*
unter dem Stichwort **Alliteration**.
Aber im Brockhaus bekommt man zu einem Stichwort meist nur eine kurze Information.

Bei Wikipedia steht unter dem Stichwort **Stabreim**: »Auch in der modernen Alltagsrhetorik kommen stabreimartige Alliterationen häufig bei der Bildung von phraseologischen Zwillingsformeln vor (z. B. *frank und frei, klipp und klar, Leib und Leben*).«

Weil ein Stabreim die Form „S S, S Waise" hat (Ein Stabreim ist eine Langzeile, die aus zwei Halbzeilen (Anvers und Abvers) gebildet wird. Bei der nordischen Dichtung gibt es immer drei Stäbe. Der eine Stab im Abvers trägt den Hauptakzent. Bei der regionalen germanischen Dichtung gibt es auch Langzeilen mit zwei oder zweimal zwei Stäben. (Wikipedia: Artikel **Germanische Dichtung**, Stichwörter **Die Verszeile**)), wobei die Waisen untereinander heute Alliterationen oder Endreime sein können, müssen wir unter stabreimartigen Alliterationen etwas anderes als phraseologische Zwillingsformeln verstehen.

Väterchen (S) Frost (S) – lässt das Volk (S) bibbern (W).

In Metzlers Lexikon Sprache steht nur der Querverweis ↗ Alliteration hinter dem Stichwort **Stabreim**.

Im Lexikon lyrischer Formen werden nur die germanischen Formen und Eigenheiten ausführlich erläutert unter den Stichwörtern **Stabreimvers, Stabreim**.

Im Brockhaus steht die Erklärung »Ausprägung der Alliteration in der germanischen Dichtung, wobei bedeutungstragende Wörter (Substantive, Verben) gleichen Anlauts ‚staben'« und stehen die selben Links wie unter dem Stichwort **Alliteration** auch unter dem Stichwort **Stabreim**.

In der Neuen Versschule stehen auf den Seiten 163f. die Formen
- die stabgereimten Merseburger Zaubersprüche in der Runenmagie
- Stabreimpoesie in Richard Wagners Werk „Rheingold"
- Stabreime als Klangverstärkung in Hölderlins „Abendphantasie"
- Stabreim in einem Wort: ›Vielfalt, Sternstunden, Mediamarkt‹
- stabende Anfangsbuchstaben der Stammsilben bei einem zusammengesetzten Wort: ›Wonnen der Gewöhnlichkeit‹ (Thomas Mann)
- durch den Glottisschlag staben alle Anfangsvokale untereinander: ›alle für einen‹
- einprägsame hämmernde Schlagworte, Werbe- und Merksprüche: ›Wenn Wünsche wahr werden..., Lässige Langläufer leben länger‹

hinter dem Stichwort **Stabreim**.

Bei Wikipedia stehen die Formen
- Versmaß: germanische Langzeile (*altenglisch:* Beowulf, The Battle of Maldon; *altsächsisch:* Heliand, Altsächsische Genesis; *althochdeutsch:* Hildebrandslied, Muspilli, Merseburger Zaubersprüche)
- Werbung (z. B. ›Geiz ist geil‹)
- stabende Verwandtennamen (z. B. die drei Cherusker Segestes, Segimundus und Segimerus, im Hildebrandslied Heribrand, Hildebrand und Hadubrand, im Nibelungenlied die Brüder Gunther, Gernot und Giselher)

- Runendichtungen (als ältester Beleg gilt die Runenschrift auf dem Goldhorn von Gallehus, Dänemark um 400 n. Chr.)
- religiöse Texte heidnischen Glaubens (Götterlieder, Zaubersprüche), religiöse Texte christlichen Glaubens (Gebete, Übertragungen der Genesis oder der Bergpredigt, Buchepik), weltlicher Bereich (Heldenlieder und Epen, Gedichte, Grabinschriften)
- Rímur (Reime) in Island, bis ins 20. Jh.
- stabreimende Verse von Richard Wagner im Werk „Walküre" (1854–1856)
- stabreimende Verse von J. R. R. Tolkien im Roman „Der Herr der Ringe" (1954/55)
- Versmaße: *eddisch:* Fornyrðislag, Ljóðaháttr, Málaháttr, Galdralag; *skaldisch:* Dróttkvætt, Kviðuháttr, Tøglag, Haðarlag, Runhent, Hrynhent
  im Artikel **Stabreim**.

Meine Frage lautet jetzt: Was ist ein Stabreim?

Sind immer zwei Wörter, die mit dem selben Laut beginnen, ein Stabreim?

Im Buch „Produktiver Umgang mit Lyrik" steht auf der Seite 95: »Mit dem Aufkommen des Endreims unter Otfried von Weißenburg verschwand der Stabreim als Mittel der Versfügung, blieb als Klangform aber erhalten. Wir sprechen dann allerdings von *Alliteration* und meinen (anders als beim Stabreim, wo auch die Vokale untereinander staben) den Gleichklang gleicher Konsonanten im Anlaut der Stammsilben. Die Alliteration, der konsonantische Gleichklang der Anlaute, ist bis heute ein wichtiges Formmittel der Lyrik.«

Weil man Alliterationen mit unterschiedlichen Vokalen sowieso nicht hört, ist das unrichtig nur geringfügig.

Auch die Alliteration ist mit der konsonantischen und der vokalischen Seite zweitürig.

Auch die meisten Doktorinnen und Doktoren der Philologie kennen nicht den Unterschied zwischen Stabreim und Alliteration.

Aber nicht nur in Bezug auf Stabreim und Alliteration

fehlt in jeder Lyrik-Publikation

so manche Information.

Bei der vokalischen Alliteration reimen sich durch den Glottisschlag (Knacklaut, Stimmritzenverschlusslaut) alle Vokale untereinander.

Meiner Meinung nach sollte man entweder nur *einen* Vokal nutzen oder die konsonantische Alliteration bevorzugen, weil unterschiedliche Vokale hervorrufen ein unübersichtliches Durcheinander.

Für den germanischen Stabreim musst du dich nicht interessieren.
Seit dem gab es so viele Lautverschiebungen,
Endsilbenabschwächungen,
Angewöhnungen von Stammsilbenbetonungen,
Substantivierungen,
zum Verb Personalpronomenhinzufügungen,
beim Substantiv Artikelvoranstellungen,
Umlauterfindungen,
Rundungen und Entrundungen,
Konsonantenschwächungen,
von stimmlosen Verschlusslauten zu Affrikaten (p $\rightarrow$ pf, t $\rightarrow$ ts, k $\rightarrow$ kch)
    Konsonantenverdoppelungen,
in geschlossene und offene Varianten Vokalspaltungen,
Diphthongierungen und Monophthongierungen,
Silbendehnungen und -kürzungen,
Palatalisierungen,
Vokalisierungen,
Lehnübersetzungen und Lehnübertragungen mit mittel- und neuhochdeutschen Endungen,
Dialektentwicklungen
und viele weitere sprachliche und schriftliche Änderungen,
dass wir uns allein auf die heutigen sprachlichen Möglichkeiten sollten konzentrieren.

Du brauchst nur den dtv-Atlas Deutsche Sprache lesen,
dann wirst du verstehen,
dass uns die Sprachen vor mehr als 1000 Jahren höchstens noch informativ etwas angehen.

C   Beispiele für gute Assonanz

aaren	≅ arem
ab	≅ ad, at, att
abe	≅ age
aben	≅ achen, aden, afen, agen, ahlen, alen, ahren, arben, aren
ache [axə]	≅ acke, appe, atte
achen [axn]	≅ affen
achen [ɑːxn]	≅ aben, aden, afen, agen, ahlen, alen, ahren, arben, aren
achsen	≅ atzen
acht	≅ aft, afft
ächtig	≅ ächtlich
ächtlich	≅ ächtig
acke	≅ ache [axə], appe, atte
ackt	≅ appt
ad	≅ ab, at, att
aden	≅ aben, achen, afen, agen, ahlen, alen, ahren, arben, aren
afen	≅ aben, achen, agen, ahlen, alen, ahren, arben, aren
affen	≅ achen
afft	≅ acht
aft	≅ acht
agen	≅ aben, achen, aden, afen, ahlen, alen, ahren, arben, aren
ahlen	≅ aben, achen, aden, afen, agen, ahren, arben, aren
ahl er	≅ ater
ahren	≅ aben, achen, aden, afen, agen, ahlen, alen, arem
aids	≅ ebs
alen	≅ aben, achen, aden, afen, agen, ahren, arben, aren
allen	≅ anken, anten, anzen
am	≅ ang, an, ann
amm	≅ ang, an, ann
amms	≅ ann's
ammt	≅ and, annt, ant
an	≅ am, amm, ang
and	≅ ammt, angt
andeln	≅ anden, andern
anden	≅ andeln, andern
andern	≅ andeln, anden
ang	≅ am, amm, an, ann
ängel	≅ echsel
angst	≅ annst

112

angt   ≅ and
anken   ≅ allen, anten, anzen
ann   ≅ ang, am, amm
ann's   ≅ amms
annst   ≅ angst
annt   ≅ ammt
ant   ≅ ammt
anten   ≅ allen, anken, anzen
anzen   ≅ allen, anken, anten
appe   ≅ ache [axə], acke, atte
appt   ≅ ackt
arben   ≅ aben, achen, aden, afen, agen, ahlen, ahren, arem, aren
ärben   ≅ ärmen, ärten, ärzen; erben, erden, erfen, ernen, erten, erven, erzen
arem   ≅ aaren, ahren, arben, aren
aren   ≅ aben, achen, aden, afen, agen, ahlen, alen, arben, arem
ärger   ≅ ärker
ärker   ≅ ärger
ärmen   ≅ ärben, ärten, ärzen; erben, erden, erfen, ernen, erten, erven, erzen
ärten   ≅ ärben, ärmen, ärzen; erben, erden, erfen, ernen, erten, erven, erzen
ärzen   ≅ ärben, ärmen, ärten; erben, erden, erfen, ernen, erten, erven, erzen;
              elzen, etzen
äsche   ≅ esse
at   ≅ ab, ad
ater   ≅ ahl er
att   ≅ ab, ad
atte   ≅ ache [axə], acke, appe
atzen   ≅ achsen
auben   ≅ auchen, auen, aufen, augen, ausen
auch   ≅ auf, aus
auche   ≅ aufe
auchen   ≅ auben, auen, aufen, augen, ausen
auen   ≅ auben, auchen, aufen, augen, ausen
auf   ≅ auch, aus
aufe   ≅ auche
aufen   ≅ auben, auchen, auen, augen, ausen
augen   ≅ auben, auchen, auen, aufen, ausen
äume   ≅ eugne
aus   ≅ auch, auf
ausen   ≅ auben, auchen, auen, aufen, augen
aum   ≅ aun

äume	≅ eude, eugne, eunde
aun	≅ aum
eb	≅ ed, eg, et
eben	≅ eden, egen, egnen, ehen, ehmen, ehnen, emen, esen, eten
eber	≅ ehler
ebs	≅ aids
echsel	≅ ängel
ecken	≅ etten
ed	≅ eb, eg, et
eden	≅ eben, egen, egnen, ehen, ehmen, ehnen, emen, esen, eten
eg	≅ eb, ed, et
egen	≅ eben, eden, egnen, ehen, ehmen, emen, esen, eten
egnen	≅ eben, eden, egen, ehen, ehmen, ehnen, emen, esen, eten
ehe	≅ ehne
ehen	≅ eben, eden, egen, egnen, ehmen, ehnen, ehren, emen, esen, eten
ehler	≅ eber
ehmen	≅ eben, eden, egnen, ehen, ehnen, emen, esen, eten
ehn	≅ em
ehne	≅ ehe
ehnen	≅ eben, eden, egnen, ehen, ehmen, emen, esen, eten
ehren	≅ eben, eden, egen, egnen, ehen, ehmen, ehnen, emen, esen, eten
eiben	≅ eichen, eichnen, eichsten, eichten, eiden, eifen, eigen, eilen, eimen,
eimten	einen, eisen, eisten, eiten, eizen
eibt	≅ eigt, eit
eichen	≅ eiben, eichnen, eichsten, eichten, eiden, eifen, eigen, eilen, eimen, eimten,
	einen, eisen, eisten, eiten, eizen
eichern	≅ eichtern
eichnen	≅ eiben, eichen, eichsten, eichten, eiden, eifen, eigen, eilen, eimen, eimten,
	einen, eisen, eisten, eiten, eizen
eichsten	≅ eiben, eichen, eichnen, eichten, eiden, eifen, eigen, eilen, eimen, eimten,
	einen, eisen, eisten, eiten, eizen
eichten	≅ eiben, eichen, eichnen, eichsten, eiden, eifen, eigen, eilen, eimen, eimten,
	einen, eisen, eisten, eiten, eizen
eichtern	≅ eichern
eiden	≅ eiben, eichen, eichnen, eichsten, eichten, eifen, eigen, eilen, eimen,
eimten,	einen, eisen, eisten, eiten, eizen
eidigen	≅ eiligen, einigen, eißigen, eitigen
eidigt	≅ eiligt, einigt, eißigt, eitigt
eifen	≅ eiben, eichen, eichnen, eichsten, eichten, eiden, eigen, eilen, eimen,

eimten,	einen, eisen, eisten, eiten, eizen
eigen	≅ eiben, eichen, eichnen, eichsten, eichten, eiden, eifen, eilen, eimen,
eimten,	einen, eisen, eisten, eiten, eizen
eigt	≅ eibt, eit
eilen	≅ eiben, eichen, eichnen, eichsten, eichten, eiden, eifen, eigen, eimen,
eimten,	einen, eisen, eisten, eiten, eizen
eiligen	≅ eidigen, einigen, eißigen, eitigen
eiligt	≅ eidigt, einigt, eißigt, eitigt
eim	≅ ein
eimen	≅ eiben, eichen, eichnen, eichsten, eichten, eiden, eifen, eigen,eilen, eimten,
	einen, eisen, eisten, eiten, eizen
eimten	≅ eiben, eichen, eichnen, eichsten, eichten, eiden, eifen, eigen, eilen, eimen,
	einen, eisen, eisten, eiten, eizen
ein	≅ eim
einen	≅ eiben, eichen, eichnen, eichsten, eichten, eiden, eifen, eigen, eilen, eimen,
	eimten, eisen, eisten, eiten, eizen
einigen	≅ eidigen, eiligen, eißigen, eitigen
einigt	≅ eidigt, eiligt, eißigt, eitigt
eipe	≅ eite
eisen	≅ eiben, eichen, eichnen, eichsten, eichten, eiden, eifen,eigen, eilen, eimen,
	eimten, einen, eisten, eiten, eizen
eißigen	≅ eidigen, eiligen, einigen, eitigen
eißigt	≅ eidigt, eiligt, einigt, eitigt
eisten	≅ eiben, eichen, eichnen, eichsten, eichten, eiden, eifen, eigen, eilen, eimen,
	eimten, einen, eisen, eiten, eizen
eit	≅ eibt, eigt
eite	≅ eipe
eiten	≅ eiben, eichen, eichnen, eichsten, eichten, eiden, eifen, eigen, eilen, eimen,
	eimten, einen, eisen, eisten, eizen
eitigen	≅ eidigen, eiligen, einigen, eißigen
eitigt	≅ eidigt, eiligt, einigt, eißigt
eizen	≅ eiben, eichen, eichnen, eichsten, eichten, eiden, eifen, eigen, eilen, eimen,
	eimten, einen, eisen, eisten, eiten
ekt	≅ ext
ellen	≅ emmen, ennen
eln	≅ ern
elzen	≅ erzen, etzen; ärzen
em	≅ ehn
emen	≅ eben, eden, egen, egnen, ehen, ehmen, ehnen, esen, eten
emmen	≅ ellen, ennen
ennen	≅ ellen, emmen

erbe	≅ erde
erben	≅ erden, erfen, ernen, erten, erven, erzen; ärben, ärmen, ärten, ärzen
erde	≅ erbe
erden	≅ erben, erfen, ernen, erten, erven, erzen; ärben, ärmen, ärten, ärzen
erfen	≅ erben, erden, ernen, erten, erven, erzen; ärben, ärmen, ärten, ärzen
ern	≅ eln
ernen	≅ erben, erden, erfen, erten, erven, erzen; ärben, ärmen, ärten, ärzen
errschen	≅ errschten
errschten	≅ errschen
erten	≅ erben, erden, erfen, ernen, erven, erzen; ärben, ärmen, ärten, ärzen
erven	≅ erben, erden, erfen, ernen, erten, erzen; ärben, ärmen, ärten, ärzen
erzen	≅ erben, erden, erfen, ernen, erten, erven; elzen, etzen; ärben, ärmen, ärten, ärzen
esen	≅ eben, eden, egen, egnen, ehen, ehmen, ehnen, emen, eten
esse	≅ äsche
et	≅ eb, ed, eg
eten	≅ eben, eden, egen, egnen, ehen, ehmen,ehnen, emen, esen
etten	≅ ecken
etzen	≅ elzen, erzen; ärzen
eude	≅ eugne, eunde; äume
eugne	≅ eude, eunde; äume
eunde	≅ eude, eugne; äume
ext	≅ ekt
ibt	≅ iegt, ieht, iest
icht	≅ ickt
ickt	≅ icht
ieb	≅ ied, ief, ieg, ieht, ig, ik
iebe	≅ iege
ieben	≅ iegen, iehen, ielen, ieren, iesen, ießen, igen, inen
iebst	≅ iegst
iebt	≅ iegt, ieht, iest, iet
iebten	≅ iegten, ielten
iechst	≅ iest
ied	≅ ieb, ief, ieg, ieht, iet, ig, ik
ieder	≅ iger
ief	≅ ieb, ied, ieg, ieht, ig, ik
iefer	≅ ierer
ieg	≅ ieb, ied, ief, ieht, ig, ik
iege	≅ iebe

iegen	≅ ieben, iehen, ielen, ieren, iesen, ießen, igen, inen
iegst	≅ iebst
iegt	≅ iebt, ieht, iest, iet, ibt
iegten	≅ iebten, ielten
iehen	≅ ieben, iegen, ielen, ieren, iesen, ießen, inen
ieht	≅ ieb, iebt, ied, ief, ieg, iegt, iest, ig, ik
ielen	≅ ieben, iegen, iehen, ieren, iesen, ießen, igen, inen
ielt	≅ iert
ielten	≅ iebten, iegten
iept	≅ iegt, ieht, iest, iet
ieren	≅ ieben, iegen, iehen, ielen, iesen, ießen, igen, inen
ierer	≅ iefer
iert	≅ ielt
iesen	≅ ieben, iegen, iehen, ielen, ieren, ießen, igen, inen
ießen	≅ ieben, iegen, iehen, ielen, ieren, iesen, igen, inen
iest	≅ ibt, iebt, iechst, iegt, ieht, iept
iet	≅ ieb, ieg; ibt, iebt, iegt
iffen	≅ ippen
ig [ik]	≅ ieb, ied, ief, ieg, ieht, ik
igen	≅ ieben, iegen, iehen, ielen, ieren, iesen, ießen, inen
iger	≅ ieder
ik [ik]	≅ ieb, ied, ief, ieg, ieht, ig
ilfe	≅ itte
illen	≅ innen
illst	≅ ilzt
ilm	≅ irm
ilzt	≅ illst
immt	≅ ind
ind	≅ immt
inden	≅ ingen, inken
inder	≅ inger
inen	≅ ieben, iegen, iehen, ielen, ieren, iesen, ießen, igen
ingen	≅ inden, inken
inger	≅ inder
ingt	≅ inkt
inken	≅ inden, ingen
inkt	≅ ingt
innen	≅ illen
ippen	≅ iffen
irb	≅ ird, irg, irk, irp

irbt   ≅ irgt, irpt
ird   ≅ irb, irg, irk, irp
irg   ≅ irb, ird, irk, irp
irgt   ≅ irbt, irpt
irk   ≅ irb, ird, irg, irp
irm   ≅ ilm
irp   ≅ irb, ird, irg, irk
irpt   ≅ irbt, irgt
itte   ≅ ilfe

öbe   ≅ öde, öge, öhe, öne, öte
oben   ≅ oden, ogen, ohren, oren, osen
ochen   ≅ offen, opfen, ossen
ocker   ≅ opper, oter, otter
öde   ≅ öbe, öge, öhe, öne, öte
oden   ≅ oben, ogen, ohren, oren, osen
offen   ≅ ochen, opfen, ossen
öffner   ≅ öfter
öfter   ≅ öffner
öge   ≅ öbe, öde, öhe, öne, öte
ogen   ≅ oben, oden, ohren, oren, osen
öhe   ≅ öbe, öde, öge, öne, öte
ohne   ≅ ome
ohren   ≅ oben, oden, ogen, osen, olzen
olfen   ≅ olgen, olken, ollen, ollten, olzen
olgen   ≅ olfen, olken, ollen, ollten, olzen
olken   ≅ olfen, olgen, ollen, ollten, olzen
ollen   ≅ olfen, olgen, olken, ollten, olzen
ollten   ≅ olfen, olgen, olken, ollen, olzen
olzen   ≅ olfen, olgen, olken, ollen, ollten
ome   ≅ ohne
öne   ≅ öbe, öde, öge, öhe, öte
opfen   ≅ ochen, offen, ossen
opper   ≅ ocker, oter, otter
orben   ≅ orden, ordnen, orgen
orden   ≅ orben, ordnen, orgen
ordnen   ≅ orben, orden, orgen
oren   ≅ oben, oden, ogen, osen
orgen   ≅ orben, orden, ordnen
osen   ≅ oben, oden, ogen, ohren, oren

118

ossen	≅ ochen, offen, opfen
öte	≅ öbe, öde, öge, öhe, öne
oter	≅ ocker, opper
otter	≅ ocker, opper
üben	≅ ügen
uch	≅ uf
uche	≅ ue, ufe
uchen	≅ ufen, uschen
ucker	≅ utter
ue	≅ uche, ufe
uf	≅ uch
ufe	≅ uche, ue
ufen	≅ uchen, uschen
ügen	≅ üben
ügt	≅ üht
ühlen	≅ ühren, üren
ühren	≅ ühlen
üht	≅ ügt
und	≅ ung [ʊnk], unkt
unden	≅ ungen, unken, unten
ung [ʊnk]	≅ und, unkt
ungen	≅ unden, unken, unten
unken	≅ unden, ungen, unten
unkt	≅ und, ung [ʊnk]
unten	≅ unden, ungen, unken
uppe	≅ utte
üren	≅ ühlen
uschen	≅ uchen, ufen
utte	≅ uppe
utter	≅ ucker

Quellen- und Literaturverzeichnis

Abou-Dakn, Masen: „Songtexte schreiben", Autorenhaus, 2006

Albrecht, Eckhard: „unser sein – im reim; gedanken bezüglich des menschlichen tuns", BoD, 2001

Warum hier alles kleingeschrieben

soll vorliegen,

will sich meiner Kenntnis entziehen.

Auf den 150 Versseiten sind nicht immer gut die unreinen Reime.

Aber ich meine,

das müssen wir ihm verzeihen,

weil ihm ohne Unreinreimlexikon nur seine spontanen Ideen sollten bleiben.

Er schreibt über Situationen und Probleme in der heutigen Welt.

Er ist ein moderner Mensch, dem verständlicherweise der Glaube an einen Gott nicht gefällt.

Darwins Theorie von der Evolution

lernt man in der Schule als wissenschaftlich bewiesene Tatsache lange schon.

Verwirrend – weil von einem Gottlosen geschrieben – und beeindruckend ist

die Menschlichkeit in den Zeilen von diesem Atheist.

Na ja, schließlich auch du Atheist

ein Kind Gottes bist.

Leider haben die meisten Atheisten im Kopf nur die Hinterlist.

Auf der Seite zehn

kann man zum Beispiel folgende Verse sehn:

„'immerhin haben raketen den frieden bewahrt'!

kein dollar war dafür zu schade.

zwar wurden derweil millionen tote verscharrt -

der hunger trug die meisten zu grabe."

Das Buch ist voll mit heutigen Lebensweisheiten.

Der Inhalt der Bibel kommt aus anderen Zeiten.

Al-Hamadhânî (Autor des Originals), Gernot Rotter (Autor der deutschen Übersetzung): „Bibliothek Arabischer Klassiker: Vernunft ist nichts als Narretei", Edition Erdmann, 2004

Besch, Werner / Wolf, Norbert Richard: „Geschichte der deutschen Sprache: Längsschnitte – Zeitstufen – Linguistische Studien", ESV, 2009

Blecken, Gudrun: „Lyrik des Expressionismus", Bange, 1. Auflage 2008

Buchmann, Jochen: „Meine Vollmacht wird Sie überraschen ... – Homonyme Reime“,
    BoD, 2008
    Weil mir jeder Reim gefiel,
    verspricht der Buchtitel nicht zu viel,
    auch wenn mir eine wörtliche Erklärung der Bedeutung des Titels nicht auf Anhieb
        einfiel.
    (mehr dazu im Testament 2000 Band 16, Seite MMMMXIIIM)
    Du kannst die römische Zahl nicht lesen?
    Das liegt daran, das die 3 Is richtig hinter dem letzten M müssten stehen.
    Aber ich möchte die großen Ziffern immer außen und damit die Dimension der Zahl
        immer sofort sehen.
Buchmann, Jochen: „Wörterbuch deutscher Assonanzen und Alliterationen“, NORA,
    2. Auflage 2003
Bußmann, Hadumod (Herausgeber): „Lexikon der Sprachwissenschaft“, Kröner,
    4. Auflage 2008
„Der Brockhaus – in einem Band“, FAB, 13. Auflage 2009
„Deutsch Synonyme – bedeutungsgleiche Wörter, Redewendungen“, compact, 2008
„Die aktuelle DIN 5008 – So setzen sie die DIN 5008 leicht in Ihre tägliche
    Sekretariatspraxis um“, Sekada* Kompetenz für Sekretärinnen, 2009
DUDEN Abiturhilfe „Gedichte analysieren“, BI, 2. Auflage 2003
DUDEN Band 1 „Die deutsche Rechtschreibung“, BI, 23. Auflage 2004, 24. Auflage 2006,
    25. Auflage 2009
DUDEN Band 4 „Die Grammatik“, BI, 7. Auflage 2006
DUDEN Band 6 „Das Aussprachewörterbuch“, BI, 6. Auflage 2005
DUDEN Band 8 „Das Synonymwörterbuch“, BI, 4. Auflage 2007
DUDEN „Das große Wörterbuch der deutschen Sprache in 10 Bänden“, BI, 3. Auflage
    1999
DUDEN „Das Wörterbuch der Abkürzungen“, BI, 5. Auflage 2005
    Es muss nicht in jedem Buch ein – meinen Erfahrungen nach – immer unvollständiges
        Kapitel „In diesem Buch verwendete Abkürzungen“ geben.
    Es reicht, wenn man im Anhang das Wörterbuch der Abkürzungen als Quellenangabe
        kann sehen.
DUDEN „Deutsches Universalwörterbuch“, BI, 6. Auflage 2007
Franz, Kurt u. Hochholzer, Rupert (Herausgeber): „Lyrik im Deutschunterricht“, SVH,
    2006
Frenzel, Herbert A. und Elisabeth: „Daten deutscher Dichtung“, 2 Bände, dtv,
    35. Auflage 2007
Glück, Helmut (Herausgeber): „Metzler Lexikon Sprache“, Metzler, 3. Auflage 2005
Heinrich, Burkhard: „202 starke Limericks“, BoD, 2006
    Im großen Feld der Lyrik bilden Limericks eine eigene Wissenschaft.
    Aber Limericks nur zu lesen, ist immer spaßhaft.

Hinderer, Walter (Herausgeber): „Geschichte der deutschen Lyrik", K&N, 2. Auflage 2001
    Diese Quellenangabe muss immer mit dem Zusatz „Herausgeber" vorliegen.
    Zum Beispiel hat Otto Knörrich den Abschnitt „Aspekte der Gegenwart –
        Bundesrepublik Deutschland" geschrieben.
Hönig, Christoph: „Neue Versschule", UTB, 2008
Kayser, Wolfgang: „Kleine deutsche Versschule", UTB, 27. Auflage 2002
Knörrich, Otto: „Lexikon lyrischer Formen", Kröner, 2. Auflage 2005
König, Werner: „dtv-Atlas Deutsche Sprache", dtv, 16. Auflage 2007
Ludwig, Hans-Werner: „Arbeitsbuch Lyrikanalyse", UTB, 5. Auflage 2005
Mareiner, Michael (Herausgeber): „Mittelhochdeutsche Minnereden und Minneallegorien
    der Wiener Handschrift 2796 und der Heidelberger Handschrift Pal. germ. 348",
    10. Band, Peter Lang, 1986
Mareiner, Michael (Herausgeber): „Mittelhochdeutsche Minnereden und Minneallegorien
    der Wiener Handschrift 2796 und der Heidelberger Handschrift Pal. germ. 348",
    11. Band „Der Liebende und die Burg der Ehre" Wörterbuch und Reimwörterbuch,
    Peter Lang, 2008
Morgenroth, Friedrich: „Sag es mit Versen – 850 Glückwunschverse und Gedichte für alle
    Anlässe – Eine Reimkunde mit ausführlichen Anleitungen zum Verfassen eigener
    Verse", PANORAMA, ?
    Die Verse sind etwas für die gehobene Gesellschaft.
    Auch meine Eltern gehörten zur gehobenen Gesellschaft.
    Aber allein ihre Einbildung hat sie zu etwas Gehobenem macht.
    Allerdings besteht auch die Möglichkeit, dass mir nicht bekannt war ihre eine und
        andere Mitgliedschaft.
    Mir Ottonormalverbraucher haben nur die Begriffserklärungen in diesem Buch etwas
        gebracht.
Nentwich, Claudia: „Liederfänger – Wege zum Songwriter", BoD, 2006
Pössiger, Günter: „Das große Reimlexikon", erscheint mit dem „© 1988 Heyne" immer
    wieder neu bei verschiedenen Verlagen
    Und das ist auch wichtig, weil es das Buch sonst schon lange nicht mehr würde geben
    und auch ich es nie hätte gesehen,
    sodass mein Tagebuch in dieser Form nicht hätte können entstehen.
Rückert, Friedrich: „Der Koran", Anaconda, 2009
    Diese Sonderausgabe für 9,95 € ist am 8.10.2009 herausgekommen.
    Weil ich sie vorbestellt hatte, habe ich sie am 9.10.2009 bekommen.
    Welcher Sponsor hat die Herstellungskosten für dieses Buch übernommen?
Rückert, Friedrich: „Der Koran", Ergon, 4. Auflage 2001
    In der Sonderausgabe vom Anaconda Verlag sind optimal zum Vorlesen alle von
        Friedrich Rückert übersetzten Koranabschnitte enthalten.
    Mit dem Buch von Hartmut Bobzin, das mit dem vierfachen Preis beim Ergon Verlag
        erschien, wirst du auch umfangreiche Hintergrundinformationen und
        Anmerkungen zu einzelnen Surenversen erhalten.

Rühmkorf, Peter: „Über das Volksvermögen – Exkurse in den literarischen Untergrund",
    rororo, 14. Auflage 2008
    Bei den Kinderreimen und Hintergrundausführungen in diesem Buch werden jedem
        die Augen aufgehen.
    Auf der Seite 42 z. B. folgende Verse stehen:
    »Wer reitet so spät auf Mutters Bauch
    Das ist der Vater mit seinem Schlauch
    Er hält sich an den Titten fest
    Daß es sich besser ficken lässt«.
    Sollte dieses Büchlein jetzt vermehrt gekauft werden, nützt es dem Autoren nichts,
        weil er ist tot.
    Aber der Geist wird nicht vom Gehirn erzeugt, wie es uns die Neurologen
        weismachen, für ihn gibt es keinen Tod.
Schlüter, Manfred: „Reime Eimer", Boje, 2006
    Mit diesem Buch Gedichte vorliegen
    von einem Mann, der im Innern auch ein Kind ist geblieben.
    Mir ist ein Mann lieber, in dem auch ein Kind steckt,
    als ein Mann, der bei seinen Mitmenschen Angst und Schrecken weckt.
Schröder-Sonnenstern, Friedrich: „Trostlied für Aus- und Angebombte", Freibord, 1981
    In einem Internet-Shop bekam ich hiervon das letzte Exemplar.
    Dass ich in diesem Buch deutsche Reimprosa in heutiger Schrift und Sprache fand, ist
        wunderbar.
    Google machte dieses Buch für mich auffindbar.
Sonderegger, Stefan: „Althochdeutsche Sprache und Literatur", W de G, 3. Auflage 2003
Spinner, Kasper H.: „Umgang mit Lyrik – in der Sekundarstufe I", SVH, 7. Auflage 2008
    In diesem Buch über den Schulunterricht treten Reime nur in älteren Gedichten auf,
        weil man das Kennen von Reimmöglichkeiten bei den Freien Rhythmen und bei der
        Konkreten Poesie nicht brauch.
Steen, Sita: „Lexikon für Schüttelreimer", Olms, 2. Auflage 1995
Syntax, Peregrinus: „Allgemeines deutsches Reimlexikon", Insel, 1. Auflage 1982;
    Das Werk aus dem Jahre 1826 enthält über 300 000 Einträge auf über 1 800 Seiten.
    Die letzte Auflage sollte 1994 erscheinen.
Trunz, Erich (Herausgeber): „Goethe – Werke Kommentare und Register – Hamburger
    Ausgabe in 14 Bänden", C.H.Beck, 1981
Waldmann, Günter: „Produktiver Umgang mit Lyrik – Eine systematische Einführung in
    die Lyrik, ihre produktive Erfahrung und ihr Schreiben", SVH, 10. Auflage 2008
Weiss, Mia Florentine: „Wo fängst Du an wo hör ich auf", BoD, ?

Silbermond: Album „Nichts passiert", Hardcoverbuch mit 2 CDs, Sony Music, 2009
Stürmer, Christina: Album „In dieser Stadt", CD + DVD + Coverheft, Universal Music,
    2009

Der Brockhaus multimedial premium 2009
DUDEN Office-Bibliothek „Deutsches Universalwörterbuch", BI, Version 5.0, 2009

dieLyriker.de
　　Die Mitglieder bei diesem Forum sind wie eine große Familie.
　　So manches Gedicht von so manchem Mitglied ist so schön wie eine Lilie.
Google.de
Wikibooks.de: Buch „Komische Lyrik"
　　Zu den traditionellen Formen der Klapphornvers, der Leberreim, der Limerick, das
　　　　Elfchen, die ABC-Verse, die Wirtinnenverse und elf weitere Formen zählen.
　　Am Ende kannst du aus einer umfangreichen Bücherliste auswählen.
Wikipedia.de
Wissen.de
Wissen-digital.de
Zeno.org
http://rechtschreibrat.ids-mannheim.de

Es gibt massenhaft Bücher und tausende Internetseiten über die deutsche Sprache,
　　Literatur und Lyrik.
Wenn ich die alle lesen müsste, würde ich sterben, bevor dieses Buch wäre fertig [ˈfɛrtik].

Im Anhang
könnte ich ein Literaturverzeichnis präsentieren, das wäre viele Seiten lang.
Aber würde dann nicht jeder sagen, dass ich schon allein mit dem Lesen dieser Seiten von
　　ihm zu viel verlang?

Es ist unmöglich, dass du alles lesen kannst.
Aber du darfst zur Abwechslung auch mal Kohlmeisen, Käfern, Hasen und Igeln (Hier
　　begegnen sie einem manchmal nachts. Jetzt weißt du auch, wo ich wohne. Tipp:
　　DUDEN-Band 11 „Redewendungen", Stichwort **Fuchs**.) usw. zuschen und nicht
　　zuletzt den Pflanzen, die du in deinem Garten pflanzt.

In Klammern gesetzte Einfügungen in einem Satz schreibt man immer klein.
Ausnahmen bilden Klammern in einem Reim.
Nicht nur die Kästen **K 95, K 98, K 99** im DUDEN-Band 1 „Die deutsche
　　Rechtschreibung" müssen vollständig sein.

Für meine Recherchen bin ich weder in eine Bibliothek noch in eine Bücherhalle
　　gegangen.
Eine Dichterin bzw. ein Dichter kann beim gelegentlichen Nachschlagen zu Hause mit den
　　Büchern in einer Bibliothek oder Bücherhalle nichts anfangen.

Und jetzt lerne ich die Sprache HTML,
mit der ich meine Homepage erstell.

Im Testament 2000 Band sechzehn
wird meine Web-Adresse stehn.

Willst du eine Zahl verreimen,
musst du sie ausschreiben.

Man muss nicht den Beruf Webdesigner studieren,
um eine eigene Homepage zu können kreieren
und sie zu können präsentieren.

Warum muss ich im DUDEN-Band 1 „Die deutsche Rechtschreibung" nachschlagen, wie
das Wort „Bachelor" ist aussprechbar?
Die Bedeutungen der Bachelorgrade Bachelor of Arts, Bachelor of Engineering, Bachelor
of Laws und Bachelor of Science wären für mich ohne den DUDEN-Band 1 nicht
erkennbar.

Die neue, unverständliche deutsche Welt
mir nicht mehr gefällt.